Reichsgerichts-Entscheidungen

in kurzen Auszügen

Strafsachen Band 71

1 9 3 9

J. Schweitzer Verlag, Berlin und München

Printed in Germany

Druck von Dr. F. P. Datterer & Cie., Freising-München.

Von dieser Sammlung erschienen folgende Bändchen:

I. Zivilsachen:	Bd. 76—100	. . .	je RM.	0.80
	„ 101—140	. . .	je RM.	1.—
	„ 141—155	. . .	je RM.	2.—
Serien:	„ 76—155	mit 3 Reg.	zus. RM.	76.—
	„ 81—155	83—119 120—130	zus. RM.	71.—
	„ 91—155	131—140	zus. RM.	61.—
	„ 101—155		zus. RM.	53.—
	„ 111—155		zus. RM.	43.—
	„ 121—155	mit 4 Reg.	zus. RM.	33.—
	„ 131—155	mit 4 Reg.	zus. RM.	28.—
Gesamtregister zu	Bd. 83—119	. . . .	RM.	6.—
Gesamtregister zu	Bd. 120—130	. . . .	RM.	1.80
Gesamtregister zu	Bd. 131—140	. . . .	RM.	1.50
Gesamtregister zu	Bd. 141—150	. . . .	RM.	1.50
II. Strafsachen:	Bd. 45—55	. . .	je RM.	0.80
	„ 56—64	. .	je RM.	1.—
	„ 65—71	. . .	je RM.	2.—

Serie: Bd. 45—71 mit Ges.-Reg. zu Bd. 45—60 zus. RM. 27.—

Gesamtregister zu Band 45—60 . . . . RM. 3.70

Jedes Bändchen entspricht einem Bande der amtlichen Sammlung.

1. Blutschutz. Beschäftigung im Haushalt. (BlutSchG. § 3; 1. AusfVO. § 12.) Eine in dem Geschäft eines Juden angestellte Verkäuferin nahm Frühstück und Mittagessen in der an das Geschäft anstoßenden Wohnung ihres Dienstherrn mit dessen Familie ein; gelegentlich wusch sie auch Gegenstände, die im Geschäft benötigt waren, in der zur Wohnung gehörigen Küche. Die Nacht verbrachte sie in ihrer eigenen Wohnung. Der Tatbestand eines Verstoßes gegen das Blutschutzgesetz wurde vom Reichsgericht für erfüllt erklärt. Nach der ersten Ausführungsverordnung zu diesem Gesetz ist im Haushalt beschäftigt, wer im Rahmen eines Arbeitsverhältnisses in die Hausgemeinschaft aufgenommen ist oder wer mit alltäglichen Haushaltsarbeiten oder anderen alltäglichen, mit dem Haushalt in Verbindung stehenden Arbeiten beschäftigt ist. Diese Vorschriften dürfen, wenn die Zwecke des Gesetzes erreicht werden sollen, nicht eng ausgelegt werden. In die Hausgemeinschaft ist jeder aufgenommen, der in den Haushalt völlig eingegliedert ist, mit der Familie unter einem Dache schläft und jede Mahlzeit in der Wohnung einnimmt. Die regelmäßige Einnahme gewisser Mahlzeiten in der Familie ist, wenn sie im Rahmen eines Arbeitsverhältnisses geschieht, ausreichend, um eine Aufnahme in die Hausgemeinschaft anzunehmen. Im vorliegenden Falle hätte die Scheidung besonders scharf durchgeführt werden sollen, weil die Verkäuferin früher dem Haushalt des Angeklagten als Hausgehilfin angehört hatte. Auch die Annahme, daß sie mit alltäglichen, mit dem Haushalt in Verbindung stehenden Arbeiten beschäftigt worden sei, war berechtigt. Daß es sich dabei um Arbeiten handeln muß, die alle Tage verrichtet werden, ist der Vorschrift nicht zu entnehmen. Damit, daß die Arbeiten in der zur Wohnung des Angeklagten gehörigen Küche verrichtet wurden, war das Merkmal gegeben, daß sie mit dem Haushalt in Verbindung standen. (III, 17. Dezember 1936.)

Amtl. Sammlg. S. 1—2.

2. Steuerhinterziehung. Bevollmächtigter. Werterſatz. Haftung. Straffreiheit. (RAbgO. §§ 107, 401, 402, 416; StrafFreihG. § 2.) Der Prokurist einer Zuckerfabrik wurde wegen Hinterziehung von Zuckersteuer zu einer Geldstrafe, zum Werterſatz und zur Tragung der Kosten verurteilt; der Inhaber der Fabrik, der wegen Steuergefährdung angeklagt war, wurde für straffrei erklärt, weil nur eine Geldstrafe von nicht mehr als 1000 *RM* zu erwarten war, aber für die gegen den Prokuristen ausgesprochene Geldstrafe und die Kosten haftbar gemacht. Seine Revision hatte keinen Erfolg. Der Prokurist hatte die Hinterziehung nicht als einfacher Angestellter, sondern als Bevollmächtigter des Fabrikinhabers begangen; dieser hätte also auch durch den Nachweis, daß er bei der Beaufsichtigung die erforderliche Sorgfalt angewandt habe, sich nicht entlasten können. Daraus, daß das Verfahren gegen ihn wegen Steuergefährdung nach dem Straffreiheitgesetz niedergeschlagen wurde, ergaben sich keine Bedenken gegen den Ausspruch über seine Haftung; dieser war nicht in dem Strafverfahren gegen ihn, sondern in jenem gegen den Prokuristen und nur als Folge der gegen diesen ausgesprochenen Verurteilung ergangen. Richtig war, daß er nicht auch für den Werterſatz haftbar erklärt wurde. Allerdings ist auch der Werterſatz eine Strafe; im § 416 RAbgO. sind aber unter Strafen nur die Geldstrafen, die als Hauptstrafen erkannt worden sind, nicht auch der Werterſatz verstanden (II, 21. Dezember 1936.)

Amtl. Sammlg. S. 2—4.

Vgl. Bd. 54 S. 75; Bd. 63 S. 294; Bd. 66 S. 428; Bd. 68 S. 183.

3. **Blutschutz. Versuch.** (StGB. § 43; BlutSchG. §§ 2, 5.) Ein Jude begab sich mit einem deutschblütigen Mädchen, das der Gewerbsunzucht nachging, in deren Zimmer, um mit ihr geschlechtlich zu verkehren. Ehe es dazu kam, erschienen Polizeibeamte, um eine Haussuchung vorzunehmen. Die Verurteilung wegen versuchten Verbrechens gegen das Blutschutzgesetz wurde vom Reichsgericht bestätigt. Das Gesetz schützt nicht die Rassenehre und die Rassenreinheit einzelner Menschen, sondern die Rassenehre des deutschen Volkes; ein Angriff auf das deutsche Blut und die deutsche Ehre kann auch vorliegen, wenn der deutschblütige Teilnehmer selbst unwürdig, artvergessen ist. Der Tatbestand des Gesetzes wurde auch dadurch nicht ausgeschlossen, daß das Mädchen ein Schutzmittel bereitgemacht hatte; das Gesetz verbietet außerehelichen Geschlechtsverkehr nicht nur soweit, als dadurch die Gefahr der Erzeugung von Mischlingen begründet wird, sondern ohne Einschränkung. Ob es sich um bloße Vorbereitungshandlungen

oder bereits um einen Versuch des Verbrechens der Rassenschande handelte, konnte nur auf Grund der Feststellungen des Landgerichts beurteilt werden. Zum Versuch gehört, daß der Täter begonnen hat, eine zum gesetzlichen Tatbestand des Verbrechens gehörige Handlung auszuführen oder doch eine solche, die, weil sie notwendig mit einer Tatbestandshandlung zusammengehört, als deren Bestandteil erscheint. Es kommt darauf an, was der Täter zur Vollendung seines verbrecherischen Entschlusses hat tun wollen, und ob er zu diesem Zweck eine Handlung vorgenommen hat, die tatsächlich oder doch wenigstens nach seiner Vorstellung darauf gerichtet war, die beabsichtigte Handlung unmittelbar zu verwirklichen. Stellen sich die einzelnen Handlungen, die er in Ausführung seines Entschlusses vorgenommen hat, nach der natürlichen Auffassung in ihrer Gesamtheit als eine einheitliche Angriffshandlung auf das geschützte Rechtsgut dar, durch die dieses tatsächlich oder wenigstens nach der Vorstellung des Täters unmittelbar gefährdet wird, so liegt keine bloße Vorbereitungshandlung mehr vor, sondern ein Versuch. Der Angeklagte hatte zugegeben, daß er mit dem Mädchen geschlechtlich verkehren wollte; er hatte zu diesem Zwecke Handlungen vorgenommen, die unmittelbar auf die Ausübung des Geschlechtsverkehrs abzielten und durch die das geschützte Rechtsgut, die deutsche Rassenehre, unmittelbar gefährdet wurde. Das beabsichtigte Verbrechen stand unmittelbar vor der Vollendung; diese wurde nur durch das Einschreiten des Beamten verhindert. (II, 7. Januar 1936.)

Amtl. Sammlg. S. 4—6.

Vgl. Bd. 51 S. 341; Bd. 54 S. 35, 254; Bd. 59 S. 157; Bd. 70 S. 202.

4. **Blutschutz. Geschlechtsverkehr. Versuch.** (StGB. § 43; BlutSchG. §§ 2, 5.) Ein Jude nahm ein deutschblütiges Mädchen, das er seit Jahren kannte und mit dem er früher wiederholt Geschlechtsverkehr gehabt hatte, mit sich in seine Wohnung. Als sie sich eben entkleidet hatte, wurden sie gestört. Die Verurteilung wegen versuchten Verbrechens gegen das Blutschutzgesetz wurde bestätigt. Die Auffassung, daß als Geschlechtsverkehr nur der Beischlaf anzusehen sei, ist verfehlt. Der Begriff Geschlechtsverkehr umfaßt zwar nicht jede unzüchtige Handlung, wohl aber alle geschlechtlichen Betätigungen mit einem

Angehörigen des anderen Geschlechts, die nach der Art ihrer Vornahme bestimmt sind, an Stelle des Beischlafs der Befriedigung des Geschlechtstriebes wenigstens des einen Teiles zu dienen. Daß der Angeklagte mit dem Mädchen in diesem Sinne hatte geschlechtlich verkehren wollen, war nach dem festgestellten Sachverhalt nicht zweifelhaft. Ob die beabsichtigten Handlungen beischlafähnlich waren, konnte dahingestellt bleiben. Es würde dem Sinne des Gesetzes und dem gesunden Volksempfinden nicht entsprechen, wenn Rassenschande, die durch derartige Handlungen begangen wird, straflos bliebe und damit ein Anreiz geschaffen würde, den widernatürlichen Verkehr in einer nicht beischlafähnlichen Form auszuüben. (II, 7. Januar 1937.) Amtl. Sammlg. S. 7—8.

Vgl. Bd. 70 S. 375.

5. **Unzucht. Mißbrauch eines Unterordnungsverhältnisses.** (StGB. §§ 174, 175 a.) Den Bestimmungen des § 174 und des § 175 a Nr. 2 StGB. liegt der Gedanke zugrunde, daß das Überordnungsverhältnis von geschlechtlichen Beweggründen reingehalten, daß die geschlechtliche Freiheit dessen, der der Gewalt eines anderen unterworfen ist, vor Angriffen bewahrt werden soll. Beiden Bestimmungen ist gemeinsam, daß ein Abhängigkeitsverhältnis besteht. Bei § 174 gehört nicht zum Tatbestande, daß es mißbraucht worden ist, wohl aber bei § 175 a Nr. 2. Daraus ergibt sich, daß der Gesetzgeber nicht schon die Unzucht eines Mannes mit einem anderen Manne, der seiner Gewalt unterworfen ist, unter Zuchthausstrafe stellen wollte. Zum Mißbrauch eines Unterordnungsverhältnisses gehört, daß die Tat darauf gerichtet ist, den anderen in eine Zwangslage zu bringen, unter deren Druck er sich dem Willen des Täters beugt; auf der inneren Tatseite gehört dazu das Bewußtsein des Täters, daß er als Vorgesetzter einen Druck auf den Untergebenen ausübt und mit dem Übergewicht rechnet, das seine Stellung gegenüber dem Untergebenen seinem Willen erfahrungsgemäß verleiht. (V, 11. Januar 1937.) Amtl. Sammlg. S. 8—10.

Vgl. RMG. Bd. 9 S. 302; Bd. 12 S. 158.

6. **Sachverständigengutachten. Verlesung.** (StPO. §§ 249, 250, 251.) Das Gutachten eines Sachverständigen, der nach dessen Abgabe verstorben war, wurde trotz des Widerspruchs des Staatsanwalts verlesen. Die darauf ge-

stützte Revision hatte keinen Erfolg. Nach § 249 StPO. sind Urkunden und andere Schriftstücke, die als Beweismittel dienen sollen, in der Hauptverhandlung zu verlesen. Das gilt auch für Schriftstücke, in denen jemand bezeugt, bestimmte Wahrnehmungen gemacht zu haben, oder in denen jemand bestimmte Urteile abgegeben hat, die für den Beweis bestimmter Tatsachen erheblich sind. Auch § 250 StPO. verbietet nicht, solche Urkunden zu verlesen; er schreibt aber vor, daß jedenfalls die Personen, deren Wahrnehmungen oder Urteile für den Beweis bestimmter Tatsachen erheblich sind, selbst in der Hauptverhandlung gehört werden sollen. Der Beweis der Tatsachen, um die es sich handelt, oder der Schlußfolgerungen eines Gutachtens darf also nicht oder doch nicht allein auf das schriftliche Zeugnis oder Gutachten gestützt werden, sondern es ist dafür die mündliche Bekundung in der Hauptverhandlung zum mindesten neben dem Inhalt der Urkunde heranzuziehen. Dieser Grundsatz kann aber seiner Natur nach nur dann gelten, wenn die tatsächliche Möglichkeit besteht, die mündliche Bekundung vorzunehmen. Diese Möglichkeit fehlt bei Verstorbenen. Auf solche Personen kann sich die Vorschrift nicht beziehen. Es geht nicht an, sie erweiternd dahin auszulegen, daß allgemein verboten sei, schriftliche Aufzeichnungen, die ein Verstorbener über seine Wahrnehmungen gemacht hat, als Beweismittel zu verwenden. Eine so starke Einschränkung der Möglichkeiten, die Wahrheit zu erforschen, wäre mit dem Grundsatz des Beweisrechts unvereinbar, daß der Richter alle verfügbaren Mittel anzuwenden hat, um den wirklichen Sachverhalt zu ergründen. Der andere Standpunkt, der in früheren Entscheidungen des Reichsgerichts vertreten war, wurde nicht mehr festgehalten. Allerdings wird ein Zeugnis oder Gutachten, das dem Gericht nur in schriftlicher Form zur Kenntnis gebracht wird, in der Regel einen geringeren Beweiswert haben, als eine ebensolche Bekundung, die ein Zeuge oder Sachverständiger mündlich in der Hauptverhandlung, also unter Umständen abgibt, die es den Beteiligten gestatten, durch Fragen oder Vorhaltungen auf den Inhalt der Bekundung einzuwirken, die es namentlich ermöglichen, die Auskunftsperson zu vereidigen und dadurch besonders nachdrücklich auf ihre Pflicht zur Wahrheit hinzuweisen. Sache des Tatrichters ist es zu ermessen, wieweit im Einzelfalle der Beweiswert vermindert wird. § 251 StPO. war nicht verletzt. Diese Bestimmung bezieht sich nur auf die Verlesung von Niederschriften, die über frühere Vernehmungen aufgenommen worden sind. Sie geht von der Erwägung aus, daß in diesen Fällen die Beamten, welche die Vernehmung vorgenommen haben, in der Hauptverhandlung zu hören sind; diese Möglichkeit muß, soweit es sich nicht um richterliche Niederschriften handelt, ausgenutzt werden, weil sich der Gesetzgeber von solchen Vernehmungen bessere Ergebnisse für die Ermittlung der Wahrheit verspricht, als wenn einfach die Niederschrift verlesen würde. Im vorliegenden Falle schied diese Möglichkeit aus, weil das Gutachten nicht in einer solchen Niederschrift enthalten war. (III, 14. Januar 1937.) Amtl. Sammlg. S. 10—12.

Vgl. Bd. 26 S. 138; Bd. 67 S. 252.

7. **Kuppelei. Beischlaf zwischen Verlobten.** (StGB. §§ 180, 181.) Eltern, die wegen Kuppelei gegenüber ihrer Tochter verurteilt worden waren, beriefen sich darauf, daß nach jetziger Rechtsauffassung der geschlechtliche Verkehr zwischen Verlobten nicht mehr als Unzucht angesehen werden könne. Das Reichsgericht trat dieser Auffassung entgegen. Weder die Fassung noch die Entstehungsgeschichte der §§ 180, 181 StGB. lassen Anhaltspunkte dafür auffinden, daß das Gesetz den Geschlechtsverkehr zwischen Verlobten von dem Begriff der Unzucht ausschalten wollte. Auch seit dem Umbruch hat der Gesetzgeber keine andere Auffassung kundgegeben; im Gegenteil hat er dadurch, daß er die Möglichkeit geschaffen hat, für diese Tat an Stelle von Zuchthaus auf Gefängnis zu erkennen, zum Ausdruck gebracht, daß er an der bisherigen Auffassung festhalte. Wer aus Eigennutz oder unter Anwendung hinterlistiger Kunstgriffe dem Beischlaf zwischen Verlobten Vorschub leistet, wird dem Gesetzgeber auch künftig immer strafbar erscheinen, vollends, wenn Eltern gegenüber ihren Kindern in dieser Weise handeln. Daß die Strafdrohung nicht für die einfache Duldung des Beischlafs unter Verlobten gilt, ist nur als Ausnahme aufgestellt. (V, 21. Januar 1937.) Amtl. Sammlg. S. 13—15.

8. **Gewohnheitsverbrecher. Versuch.** (StGB. §§ 20 a, 44.) Wegen versuchten Betrugs im Rückfall wurde auf eine Gefängnisstrafe erkannt, obwohl der Angeklagte als

gefährlicher Gewohnheitsverbrecher bezeichnet wurde. Das Reichsgericht erklärte das für fehlerhaft. Die Strafe mußte nach dem Strafrahmen des § 20 a StGB. bemessen werden; da die Tat auch ohne die Strafschärfung als Verbrechen zu erachten war, war auf Zuchthaus bis zu fünfzehn Jahren zu erkennen. Milderungsgründe können bei einem gefährlichen Gewohnheitsverbrecher nicht zu einer anderen Bemessung der Strafe führen. Unzulässig ist es auch, bei versuchter Tat gemäß § 44 StGB. eine Gefängnisstrafe auszusprechen. (II, 21. Januar 1937.)

Amtl. Sammlg. S. 15—16.

Vgl. Bd. 68 S. 364.

9. **Unlautere Werbung.** (UnlWG. § 4.) Briefbogen, auf denen unwahre Angaben über angebliche geschäftliche Beziehungen und Bankkonten aufgedruckt waren, wurden dazu verwandt, um zunächst bei verschiedenen Zeitungen Anzeigen zu bestellen, in denen zu Warenangeboten aufgefordert wurde, dann auch auf Grund der eingegangenen Angebote zur Bestellung von Waren auf Kredit. Die Verurteilung wegen unlauteren Wettbewerbs wurde bestätigt. Die Briefbogen stellten Mitteilungen dar, die für einen größeren Kreis von Personen bestimmt waren; der Angeklagte hatte durch die Benutzung dieser Briefbogen über seine geschäftlichen Verhältnisse wissentlich unwahre und zur Irreführung geeignete Angaben gemacht und sich dabei von der Absicht leiten lassen, den Anschein eines besonders günstigen Angebots hervorzurufen, nämlich den Anschein eines besonders zahlungsfähigen und kreditwürdigen Bestellers. Fraglich konnte nur sein, ob sich § 4 UnlWG. auch auf Einkaufsangebote bezieht. Eine Beschränkung auf Verkaufsangebote ergibt sich aber weder aus dem Wortlaut noch aus dem Zweck der Strafbestimmung; es ist auch kein Grund ersichtlich, warum nur der Verkäufer, nicht aber der Einkäufer zur Ehrlichkeit verpflichtet sein sollte, zumal betrügerische Geschäftsangaben des Einkäufers, namentlich in Zeiten der Warenknappheit, in derselben Weise der Reinhaltung des öffentlichen gewerblichen Verkehrs zuwiderlaufen. Die Absicht, durch die unlauteren Anpreisungen das eigene Unternehmen auf Kosten der Mitbewerber zu fördern, gehört nicht zum Tatbestand des § 4 UnlWG. (IV, 22. Januar 1937.)

Amtl. Sammlg. S. 16—17.

10. Weingesetz. Fortsetzungszusammenhang. Gesetzeseinheit. (WeinG. §§ 4, 9, 26.) Ein Winzer setzte Regenwasser und Gärsalz zum Weißwein, Traubentresterauszug und Gärsalz zu Obstwein, um diesen dann mit Wein zu verschneiden, und brachte diese Erzeugnisse zum Teil in Verkehr. Er wurde wegen fortgesetzten Inverkehrbringens von nachgemachtem und verfälschtem Wein verurteilt. Das Urteil wurde bestätigt. Das Landgericht hatte angenommen, daß die Vergehen der unerlaubten Beimischung und des Nachmachens durch das Inverkehrbringen aufgezehrt würden. Diese Rechtsanwendung, die der Rechtsprechung des Reichsgerichts entsprach, war nur in der Weise möglich, daß durch das Inverkehrbringen eines Erzeugnisses die Strafbarkeit der an diesem vorgenommenen unerlaubten Maßnahmen aufgezehrt wird; dann ist sie aber auch da nicht zu beanstanden, wo ein Teil des Erzeugnisses erst in den Verkehr gebracht werden sollte. Die Herstellung der noch nicht in den Verkehr gebrachten Erzeugnisse kann immerhin noch strafrechtliche Bedeutung haben, insofern dadurch ein Fortsetzungszusammenhang mit anderen strafbaren Handlungen derselben Art begründet werden kann. Soweit sich das strafbare Verhalten des Angeklagten einerseits im Verfälschen von Wein und Inverkehrbringen dieses Erzeugnisses, anderseits im Nachmachen und Inverkehrbringen des nachgemachten Weines erschöpfte, ergab sich die rechtliche Möglichkeit eines Fortsetzungszusammenhanges innerhalb einer jeden dieser Tätigkeitsreihen ohne weiteres; es bestanden aber auch keine grundsätzlichen Bedenken dagegen, zwischen dem Inverkehrbringen verfälschten und nachgemachten Weines einen Fortsetzungszusammenhang anzunehmen. Allerdings handelt es sich bei den Straftaten nach § 4 und nach § 9 WeinG. um Tatbestände, die einander selbständig gegenüberstehen; sie werden durch die Strafdrohung des § 26 nur äußerlich zusammengefaßt. Für die Annahme eines Fortsetzungszusammenhangs ist aber nur Gleichartigkeit der strafbaren Handlungen erforderlich. Bei den Verboten des Verfälschens (§ 4) und des Nachmachens (§ 9) von Wein ist der übergeordnete Rechtssatz das Gebot, keinen unechten Wein in den Verkehr gelangen zu lassen. Als strafbar war auch angesehen worden, daß der Angeklagte sich Weinsteinsäure verschafft hatte, um sie zu seinen Handlungen zu verwenden. Das war nicht zu beanstanden. Der Wortlaut des Gesetzes nötigt nicht zu der Annahme, daß das Verbot des Erwerbs sich nur auf Zwischenhändler bezieht; eine solche Einschränkung würde dem Zweck des Gesetzes, Weinfälschungen in möglichst wirksamer Weise vorzubeugen, Abbruch tun. Dagegen hatte das Landgericht es für nicht strafbar erachtet, daß der Angeklagte das Faß, das den verbotswidrig behandelten Obstwein enthielt, nicht mit einer Bezeichnung seines Inhalts versehen hatte. Zu einer solchen Einschränkung des § 20 WeinG. lag jedenfalls dann kein Grund vor, wenn das Getränk noch unter die vom Weingesetz erfaßten Erzeugnisse (Obstwein § 10, Haustrunk § 11) fiel, mochte es auch dem Gesetz zuwider behandelt oder zum Nachmachen von Wein bestimmt sein. Mit Rücksicht auf die Ziele, die das Gesetz verfolgt, und zur Erschwerung von Unredlichkeiten ist es erwünscht und geboten, den Bezeichnungszwang auf solche Fälle auszudehnen, ohne daß damit vom Weinfälscher verlangt würde, seine Verfehlung deutlich zu bezeichnen und sich damit der Bestrafung auszuliefern. Der Verstoß des Angeklagten bildete aber nach den tatrichterlichen Feststellungen eine natürliche Handlungseinheit mit seinen übrigen Verfehlungen und fiel also in den Fortsetzungszusammenhang. (II, 10. November 1936.) Amtl. Sammlg. S. 18—20.

11. **Ärztliche Schweigepflicht.** (StPO. § 53; RÄrzteO. § 13.) Nach dem Tod eines Mädchens erklärte dessen Mutter, sie entbinde die Ärzte, die es behandelt hatten, von der Schweigepflicht; diese Erklärung gab sie im Strafverfahren, das mit dem Tod in Zusammenhang stand, zu den Akten. In der Hauptverhandlung stellte der Vorsitzende fest, daß die Ärzte von der Schweigepflicht entbunden seien; sie sagten daraufhin aus. Die hierauf gestützte Revision hatte keinen Erfolg. Allerdings war die Feststellung des Vorsitzenden rechtsirrig. Die Auffassung, daß nach dem Tode des Geheimhaltungsberechtigten dessen nächste Angehörige von dieser Pflicht befreien könnten, ist von der Rechtsprechung abgelehnt worden. Solche Befugnisse der Hinterbliebenen würden gerade in den Fällen bedenklich sein, in denen die Interessen des Verstorbenen und der Hinterbliebenen auseinander gingen. Das Interesse des Verstorbenen bleibt besser gewahrt, wenn der unparteiische und gewissenhaft abwägende Arzt pflichtgemäß

darüber entscheidet, ob er das ihm Anvertraute geheimhalten oder offenbaren soll. Der Angeklagte hat keinen Anspruch darauf, daß der Arzt von seinem Recht, die Aussage zu verweigern, Gebrauch macht; dieser ist ihm gegenüber in seiner Entschließung völlig frei. Demgemäß kann der Angeklagte durch eine rechtsirrige Belehrung, die der Vorsitzende dem Zeugen erteilt, jedenfalls dann in keinem Recht verletzt werden, wenn die Belehrung dem Zeugen die Entschließungsfreiheit beläßt, ihm also nicht sein Zeugnisverweigerungsrecht abspricht. Anders wäre die Sache gelegen gewesen, wenn durch einen Gerichtsbeschluß die Ärzte zur Aussage gezwungen worden wären. Ein solcher Beschluß war nicht ergangen, da der Angeklagte und sein Verteidiger es unterlassen hatten, sich gegen die Vernehmung zu verwahren und die Entscheidung des Gerichts anzurufen. In solchen Fällen beruht das Urteil nicht auf einer Gesetzesverletzung. Es bedurfte keiner Prüfung, ob die Ärzte zur Aussage auch dann bereit gewesen wären, wenn der Vorsitzende sie richtig belehrt hätte. (I, 17. November 1936.) Amtl. Sammlg. S. 21—22. Vgl. Bd. 48 S. 270; Bd. 57 S. 65; JW. 1930 S. 760; 1931 S. 950.

12. **Anstiftung. Mittäterschaft.** (StGB. §§ 47, 48.) R. steckte Getreidevorräte in Brand; B. hatte ihn dazu aufgefordert; K. war damit einverstanden gewesen. B. und K. wurden wegen gemeinschaftlich verübter Anstiftung verurteilt. Das Reichsgericht hob die Verurteilung des K. auf. Zu einer Anstiftung können Mehrere in derselben Weise wie Mittäter zu einer als Haupttat begangenen strafbaren Handlung zusammenwirken. Zur Mittäterschaft ist notwendig und ausreichend, daß jeder Beteiligte den ganzen Erfolg der Straftat auf Grund gemeinschaftlichen Entschlusses und mit vereinten Kräften als eigenen Erfolg verursachen will, daß also jeder seine eigene Tätigkeit durch die Handlungen der Mittäter vervollständigen und diese sich zurechnen lassen will. Ist dieses Merkmal gegeben, so ist nicht notwendig, daß sich jeder Mittäter an der eigentlichen Ausführungshandlung selbst körperlich beteiligt und dadurch selbst ein Tatbestandsmerkmal verwirklicht, sondern der Beitrag des einzelnen Mittäters zum gemeinschaftlich erstrebten Erfolg kann in einer Handlung bestehen, die sich äußerlich als eine bloße Vor-

bereitungs- oder Beihilfehandlung darstellt, auch in einer nur geistigen Mitwirkung. Somit können sich Mehrere gemeinschaftlich als Anstifter schuldig machen, ohne daß jeder Einzelne irgendwie unmittelbar auf den Angestifteten einwirkt. Es ist auch nicht notwendig, daß jeder von mehreren Anstiftern bei seiner Mitwirkung zum gemeinschaftlich erstrebten Erfolg schon einen bestimmten Menschen, der angestiftet werden soll, im Auge hat. Dagegen reicht bloßes Einverständnis mit der Tat eines anderen nicht für die Annahme von Mittäterschaft aus, auch nicht einmal bloße Beteiligung an einer Verabredung, die nicht in irgendwelcher Weise stärkend auf den Tatwillen der anderen Beteiligten einwirken soll und einwirkt. (I, 17. November 1936.) Amtl. Sammlg. S. 23—25.
Vgl. Bd. 13 S. 122; Bd. 53 S. 190; Bd. 66 S. 240.

13. **Straßenverkehr. Vorfahrtrecht. Rücksicht auf andere Straßenbenutzer. Urteilsfassung.** (RStVerkO. § 27; StPO. § 267.) Zwei Kraftlastzüge trafen an einer Straßenkreuzung zusammen. Im Bestreben einen Zusammenstoß zu vermeiden, bog der Führer des einen Zuges in die von rechts kommende Straße ein und verletzte dadurch einen Fußgänger, der auf der falschen Straßenseite ging. Das freisprechende Urteil wurde vom Reichsgericht aufgehoben. Der Angeklagte war verpflichtet, an der Kreuzung den Kraftfahrzeugen, die von rechts kamen, die Vorfahrt zu gewähren. Er durfte also nur vorsichtig mit einer Geschwindigkeit an die Kreuzung heranfahren, die ihm ermöglichte, dieser Verpflichtung zu genügen. Dabei hatte er das Beharrungsvermögen seines mit 300 Zentner Kohlen beladenen Lastzuges in Rechnung zu stellen. Das Landgericht hatte angenommen, daß er seiner Pflicht sowohl dadurch genügen konnte, daß er anhielt, wie auch dadurch, daß er in die Straße, aus den der andere Zug kam, einbog. Schon die Gleichstellung dieser beiden Möglichkeiten war zu beanstanden. Wer in einer Kreuzung einem anderen die Vorfahrt lassen muß, hat das für den Regelfall unter Beibehaltung seiner Fahrtrichtung durch Ermäßigen seiner Geschwindigkeit oder Anhalten seines Fahrzeugs zu tun; ein Einbiegen in die Straße, die er kreuzen will, birgt erhöhte Gefahren in sich und kann grundsätzlich erst dann in Betracht kommen, wenn die Vorfahrt auf andere Weise nicht mehr freigelassen werden kann. Wenn das Ausweichen

nach rechts die einzige Möglichkeit war, den Zusammenstoß zu vermeiden, war ein Verschulden des Angeklagten schon darin zu finden, daß er in die Kreuzung mit einer im Vergleich zu der lebendigen Kraft seines Fahrzeugs und zur Unübersichtlichkeit der Kreuzung zu hohen Fahrgeschwindigkeit hineinfuhr, dadurch eine Gefahrenlage schuf und sich selbst der Möglichkeit beraubte, den gebotenen Überblick über seine neue Fahrbahn zu behalten und darnach ruhige Entschlüsse zu fassen. Aber auch wenn beide Möglichkeiten offenstanden, durfte er nur dann nach rechts einbiegen, wenn er dabei noch rechtzeitig seine Aufmerksamkeit darauf richten und einen Überblick darüber gewinnen konnte, ob die Fahrbahn, die er in Anspruch nahm, überhaupt frei oder von anderen Verkehrsteilnehmern besetzt war, die er durch sein plötzliches Einschwenken in Gefahr brachte. War das Einbiegen nur noch in der Weise möglich, daß er blindlings das Steuer nach rechts herumriß, ohne den Wechsel seiner Fahrtrichtung angezeigt zu haben, so mußte er von dem Einbiegen absehen. Das Verhalten des Angeklagten war nicht, wie das Landgericht annahm, schon deshalb in Ordnung, weil er einen vorschriftsmäßigen Bogen fuhr und den anderen Zug nicht berührte. Auch die Auffassung des Landgerichts, der Angeklagte habe nicht damit zu rechnen brauchen, daß sich jemand auf der Straße in verkehrswidriger Weise aufhalte, wurde vom Reichsgericht nicht gebilligt. Allerdings hat der Kraftfahrer nicht jedes verkehrswidrige Verhalten anderer Straßenbenutzer zu berücksichtigen, sondern nur ein solches, mit dem zu rechnen er nach den gegebenen Umständen triftige Veranlassung hatte. Das besagt aber nicht, daß ein Verkehrsteilnehmer, der sich nicht in den Grenzen der Verkehrsvorschriften auf der Straße bewegt, schutzlos ist. Ein Kraftfahrer, der einen Fußgänger auf einer übersichtlichen Fernverkehrsstraße mitten auf der Straße stehen sieht, handelt fahrlässig, wenn er auf ihn keine Rücksicht nimmt; das gleiche gilt, wenn er ihn bei pflichtmäßiger Beobachtung der Straße hätte sehen müssen. Daß sich Verkehrsteilnehmer auf einer Straße befinden, sei es ordnungsmäßig, sei es verkehrswidrig, liegt durchaus im Rahmen der Lebenserfahrung. Das Reichsgericht sprach sich auch sehr abfällig über die Fassung des Urteils aus. Es sah einen grundsätzlichen Mangel in seinem unübersichtlichen Aufbau und in der Art der Sachdarstellung, aus der nicht klar zu entnehmen war, wie sich der Unfall nach der Meinung des Landgerichts zugetragen hatte. An die Wiedergabe des Eröffnungsbeschlusses, die durchaus entbehrlich gewesen wäre, waren das Verteidigungsvorbringen des Angeklagten und die Zeugenaussagen angereiht worden, ohne daß klar zum Ausdruck kam, welche von ihnen das Landgericht der rechtlichen Beurteilung als richtig zugrunde legen wollte. Für die Entscheidung wesentlich ist aber nicht das, was der Angeklagte und die Zeugen über den Sachverhalt angeben, sondern das Bild, das der Tatrichter sich mittels selbständiger Würdigung ihrer Aussagen und der sonstigen Ergebnisse der Beweisaufnahme geformt hat. (I, 22. Dezember 1936.)

Amtl. Sammlg. S. 25—28.
Vgl. Bd. 70 S. 71.

14. Blutschutz. Irrtum. (BlutschG. §§ 2, 5, 6; 1. AusfVO. §§ 1, 17; RBürgG. § 5.) Ein deutschblütiger Mann, der auch die deutsche Staatsangehörigkeit besaß, verkehrte in der Zeit vom 17. September 1935 bis zum 5. Februar 1936 geschlechtlich mit einem Mädchen, dessen Mutter Volljüdin war; der Vater war deutschblütig. Das Mädchen hatte in der Schule christlichen Religionsunterricht erhalten und wollte nach Erreichung der Volljährigkeit zum Christentum übertreten. Der Angeklagte hatte sich damit verteidigt, daß er den Geschlechtsverkehr mit dem Mädchen nicht für strafbar gehalten habe, weil dieses ein Mischling war. Der Einwand lief darauf hinaus, daß der Angeklagte die Bestimmung des § 5 Abs. 2 a der 1. VO. zum RBürgG. nicht gekannt habe, wonach ein deutscher Mischling ersten Grades, der am 16. September 1935 der jüdischen Religionsgemeinschaft angehörte, als Jude im Sinne des Blutschutzgesetzes gilt. Die 1. AusfVO. zum BlutSchG. ist am 15. November 1935 in Kraft getreten. Der Geschlechtsverkehr, den der Angeklagte mit dem Mädchen bis zu diesem Tage unterhalten hatte, stellte also keine strafbare Handlung dar. Damit stand nicht im Widerspruch, daß bei den Mischlingen ersten Grades der 16. September 1935 der maßgebende Stichtag für ihre Gleichstellung mit den Volljuden ist; durch diese Vorschrift wollte der Gesetzgeber verhindern, daß in der Zwischenzeit zwischen dem Erlaß des Blutschutzgesetzes und der Ausführungsvorschriften manche Personen mit jüdischem Bluteinschlag sich von der jüdischen Religionsgesellschaft löften, um den Wirkungen des Blutschutzgesetzes zu entgehen. Für den Geschlechtsverkehr nach dem 15. November 1935 konnte sich der Angeklagte nicht auf Irrtum berufen. Die Zugehörigkeit des Mädchens zur jüdischen Religionsgemeinschaft war ihm bekannt. Die Ausführungsvorschriften zum Blutschutzgesetz bilden mit diesem eine Einheit; ein Irrtum des Angeklagten über den Rechtsbegriff Jude war also ein unbeachtlicher Strafrechtsirrtum. (II, 7. Januar 1937.) Amtl. Sammlg. S. 28—31.

Vgl. Bd. 70 S. 290, 353.

15. Gerichtsvollzieher. Untreue. (StGB. § 266.) Ein Gerichtsvollzieher erhielt den Auftrag, eine Pfändung in die bewegliche Habe des Schuldners vorzunehmen. Die Pfändung hatte kein Ergebnis. Der Gerichtsvollzieher teilte das dem Gläubiger mit. Ihm war bekannt, daß der Schuldner wertvolle Briefmarken besaß, die er vor ihm verborgen hatte; zur Zeit der Pfändung schuldete er selbst dem Schuldner eine namhafte Summe. All das verschwieg er dem Gläubiger. Er wurde wegen Untreue verurteilt. Seine Revision hatte keinen Erfolg. Fehl ging allerdings die Annahme des Landgerichts, der Tatbestand der Untreue sei schon dadurch erfüllt, daß der Angeklagte dem Gläubiger das Bestehen der Forderung des Schuldners gegen ihn verschwieg. Der Gerichtsvollzieher, der mit einer Vollstreckung in bewegliche Sachen des Schuldners beauftragt wird, hat nicht wie ein Vermögensverwalter schlechthin die Belange des Gläubigers wahrzunehmen. Sein Pflichtenkreis ist darauf beschränkt, das zu tun, was einer erfolgreichen Durchführung der Vollstreckungsart dient, die ihm übertragen ist. Der Benachrichtigungspflicht, die ihm obliegt, genügt er, wenn er in Ergänzung des Protokolls über den Verlauf der Vollstreckung dem Gläubiger alles mitteilt, was erforderlich ist, damit dieser seine Belange hinsichtlich der beweglichen Sachen des Schuldners wahrnehmen kann. Eine Pflicht des Angeklagten, seine eigene Schuld zu offenbaren, war aus dem Vollstreckungsauftrag nicht herzuleiten. Dagegen war eine Pflichtverletzung darin zu finden, daß er nicht auf das Vorhandensein der Briefmarken hinwies; ein solcher Hinweis hätte es dem Gläubiger ermöglicht, weitere Vollstreckungsmaßnahmen zu ergreifen, insbesondere den Schuldner zum Offenbarungseid zu laden. Durch die unvollständige Benachrichtigung hatte der Angeklagte das Vermögen seines Auftraggebers gefährdet, mithin eine nachteilige Veränderung des gegenwärtigen Vermögensstandes hervorgerufen. Die Entwertung wurde nicht dadurch aufgehoben, daß der Angeklagte von sich aus plante, den Schuldner zur freiwilligen Befriedigung des Gläubigers zu veranlassen, und das auch später tat; damit wurde nur der schon eingetretene Vermögensschaden wieder gutgemacht. (II, 18. Januar 1937.) Amtl. Sammlg. S. 31—34.

Vgl. Bd. 16 S. 77; Bd. 61 S. 228; Bd. 65 S. 277.

16. **Falsche Anschuldigung. Behörde. Behördliche Maßnahmen. Wissentlichkeit. Tateinheit. Wahrung berechtigter Interessen. Strafantrag.** (StGB. §§ 2, 61, 164, 186, 187, 193.) Gegen Angestellte des Reichsnährstandes wurden Anzeigen an den Gauleiter, den Reichsnährstand und den Stellvertreter des Führers erstattet. Sie erwiesen sich als unbegründet. Die Verurteilung wegen falscher Anschuldigung wurde nicht bestätigt. Unrichtig war vor allem, daß das Landgericht auch den Gauleiter als eine Behörde ansah; er war es jedenfalls noch nicht zu der Zeit, da der Angeklagte an ihn schrieb (Juni 1933). Weiter war nicht genügend geprüft, ob durch die Anzeigen ein behördliches Verfahren oder andere behördliche Maßnahmen herbeigeführt werden sollten. Es reicht hierfür nicht aus, daß der Vorsatz des Angeklagten dahin ging, gegen die Personen, auf die sich seine Angaben bezogen, Stimmung zu machen, um ihnen eine Beförderung im Staatsdienst oder Parteidienst zu erschweren. Soweit ein parteigerichtliches Verfahren oder Maßnahmen einer vorgesetzten Parteistelle in Frage kamen, war die Frage möglicherweise nach dem entscheidenden Zeitpunkt verschieden zu beurteilen. Vor dem Inkrafttreten des Gesetzes vom 1. Dezember 1933 zur Sicherung der Einheit von Partei und Staat war ein Verfahren, das lediglich die Stellung einer Person innerhalb der Partei betraf, keinesfalls als behördliches Verfahren anzusehen. Auch für die folgende Zeit war diese Auffassung grundsätzlich festzuhalten, denn das Verfahren der Parteigerichte dient lediglich Zwecken der Partei und äußert Wirkungen nur gegenüber Parteiangehörigen. Eine Gleichstellung mit einem behördlichen

Verfahren kann aber durch die Neufassung des § 2 StGB. herbeigeführt worden sein, wonach für eine Bestrafung ausreicht, daß eine Tat nach dem Grundgedanken eines Strafgesetzes und nach gesundem Volksempfinden Bestrafung verdient. Diese Neufassung ist aber erst seit dem 1. September 1935 in Kraft, während die der Anklage zugrunde liegenden Eingaben schon vorher abgesandt worden waren. Soweit der Angeklagte wegen wissentlich falscher Anschuldigung verurteilt war, wies das Reichsgericht darauf hin, daß wider besseres Wissen nicht schon handelt, wer von der Wahrheit der behaupteten Tatsache nicht überzeugt ist, sondern nur, wer von deren Gegenteil überzeugt ist. Die Verurteilung konnte nicht schon mit der Feststellung begründet werden, daß ein vom Angeklagten benannter Zeuge bestritt, dem Angeklagten die Mitteilung gemacht zu haben, auf die dieser sich berief; es wäre zu prüfen gewesen, ob der Angeklagte den Zeugen vielleicht falsch verstanden hätte oder ob er sonstige Gründe hatte, an die Richtigkeit der behaupteten Tatsachen zu glauben. Auch das leichtfertige Aufstellen der Behauptungen war nicht ausreichend begründet. Leichtfertigkeit ist nicht gewöhnliche Fahrlässigkeit, sondern etwa grober Fahrlässigkeit gleichzusetzen. Von einem Laien, der sich an Behörden wendet, kann nicht verlangt werden, daß er vorher selbst ermittelt, ob das, was er vorbringt, wahr ist. Es besteht allerdings eine Erkundigungspflicht für ihn; die Ansprüche, die in dieser Hinsicht zu stellen sind, dürfen aber nicht überspannt werden. Es sind immer die besonderen Umstände des Falles, besonders die persönlichen Verhältnisse des Anzeigenden und die Erforschungsmöglichkeiten, die ihm zur Verfügung stehen, zu berücksichtigen. Zu erörtern war auch, wieweit dem Angeklagten § 193 StGB. zur Seite stand. Diese Vorschrift gilt allerdings für die falsche Anschuldigung nicht; soweit eine solche mit Verleumdung oder übler Nachrede in Tateinheit gegeben ist, entfällt die Anwendbarkeit auch für diese. Soweit aber die Behauptungen des Angeklagten nur als Beleidigung zu würdigen waren, mußte beachtet werden, daß jeder Staatsbürger ein berechtigtes Interesse daran hat, Verfehlungen von Beamten, auch wenn er nicht selbst oder jemand, der ihm nahe steht, davon betroffen wird, bei der zuständigen Behörde anzuzeigen. Das Landgericht hatte so viele selbständige Handlungen angenommen, als Verletzte vorhanden waren; Fortsetzungszusammenhang hatte es abgelehnt, weil es einen solchen bei einer Mehrzahl von Verletzten grundsätzlich für unzulässig hielt. Das erklärte das Reichsgericht für rechtsirrig. Die Frage, ob besondere Umstände des Falles überall die Annahme selbständiger Handlungen rechtfertigten, war darnach zu entscheiden, welche Zusammenhänge zwischen den einzelnen strafbaren Äußerungen bestanden. Sowohl hiefür als für die Anwendbarkeit des § 193 StGB. waren die Äußerungen des Angeklagten als Ganzes zu beurteilen; welche Belange er wahrnehmen wollte, ergab sich erst, wenn nicht nur einzelne, scharfe Ausdrücke gewürdigt wurden, sondern die Gesamthaltung der Eingaben beachtet wurde. In einem Falle, der nur als Beleidigung in Betracht kam, war der Strafantrag verspätet gestellt worden. Das Landgericht hatte gleichwohl verurteilt mit der Begründung, daß die Frist erst mit dem Bekanntwerden der parteiamtlichen Erlaubnis zur Stellung des Strafantrags zu laufen begonnen habe. Das erklärte das Reichsgericht für unhaltbar. Es stände hiernach im Ermessen des Beleidigten, die Strafantragsfrist willkürlich dadurch zu verlängern, daß er die parteiamtliche Erlaubnis nicht einholte. Zur Frage des Fortsetzungszusammenhangs bemerkte das Reichsgericht noch, daß ein solcher zwischen einer wissentlich falschen und einer leichtfertig falschen Anschuldigung bei der Verschiedenheit der Willensrichtung nicht anzunehmen sei, daß aber das Vorliegen einer natürlichen Handlungseinheit möglich wäre. (I, 8. Dezember 1936.) Amtl. Sammlg. S. 34—40. Vgl. Bd. 10 S. 274; Bd. 24 S. 428; Bd. 27 S. 366; Bd. 54 S. 149; Bd. 66 S. 1; JW. 1936 S. 388, 2319.

17. **Waffenbesitz. Jagdvergehen. Tateinheit. Irrtum. Zeitgesetz.** (StGB. §§ 2, 59, 73, 292; SchußWG. §§ 10, 15, 25; NotVO. vom 8. Dezember 1931, Teil VIII Kap. I § 1.) Ein Bursche erwarb sich ein Jagdgewehr, um damit zu wildern. Er besaß keinen Waffenschein; den Besitz des Gewehres meldete er nicht an. Gegen die Anklage wegen Vergehens gegen das Schußwaffengesetz wandte er ein, daß er die Vorschriften dieses Gesetzes nicht gekannt habe. Es war ihm aber bewußt, daß er keinen Waffenerwerbschein und keinen Waffenschein besaß; das genügte zur Verurteilung. Die Bekanntmachung des Regierungspräsi-

denten über die Anmeldung von Waffenbesitz, auf die sich das Urteil stützte, war schon vor Erlaß des Urteils aufgehoben worden. Das stand der Verurteilung nicht entgegen. Es handelte sich offensichtlich um eine nur auf Zeit berechnete Anordnung, die vorübergehend Ausnahmeverhältnisse zu regeln bestimmt war. Auf solche Zeitgesetze findet § 2 StGB. n. F. keine Anwendung. Das Landgericht hatte Tateinheit angenommen, weil der Angeklagte das Gewehr zum Zweck des Wilderns erworben und weil sein Vorsatz bei dem strafbaren Erwerb und bei der strafbaren Nichtanmeldung des Gewehrs zugleich den Vorsatz der Wilddieberei umfaßt habe. Das Reichsgericht erklärte diese Annahme für nicht möglich. Das Nichtanmelden als Unterlassung konnte mit den anderen Straftaten schon deshalb nicht in Tateinheit stehen, weil diese Straftaten nicht durch das Unterlassen der Anmeldung begangen worden waren; es lief nur rein äußerlich neben den übrigen Straftaten einher. Der Vorsatz, eine Schußwaffe zum Zweck des Wilderns zu erwerben, konnte zwischen dem Erwerb einerseits, ihrem Führen und dem Wildern mit ihr andererseits keine Tateinheit begründen. Der Erwerb war schon beendet, als das Führen der Schußwaffe und das Wildern mit ihr begann. Keine Handlung war also beiden Gruppen gemeinsam. Nur zwischen dem Führen des Gewehrs und dem Jagdvergehen konnte Tateinheit angenommen werden. (V, 21. Januar 1937.)

Amtl. Sammlg. S. 40—42.

Vgl. Bd. 11 S. 422; Bd. 20 S. 4; Bd. 49 S. 272; Bd. 56 S. 45, 415, 425.

18. **Transportgefährdung. Gemeingefahr. Gesetzesänderung. Mildestes Gesetz.** (StGB. §§ 2, 315.) Mehrere junge Leute verübten am 9. Juni 1935 gemeinsam eine Eisenbahntransportgefährdung. Sie wurden auf Grund des § 315 StGB. a. F. verurteilt. Das Reichsgericht hob das Urteil auf. Die neue Fassung des § 315 StGB. ist am 1. September 1935 in Kraft getreten, ebenso die neue Fassung des § 2 StGB. Nach § 2 StGB. n. F. war das Gericht, nachdem die Gesetze von der Zeit der Tat bis zur Aburteilung verschieden waren, verpflichtet, das mildeste Gesetz anzuwenden. Das war § 315 StGB. n. F. Bei der Frage, welches Gesetz das mildeste ist, kommt es darauf an, welches Gesetz für den Einzelfall die mildeste

Beurteilung zuläßt; die Strafdrohung allein ist nicht ausschlaggebend. § 315 n. F. schränkt nun aber den Tatbestand gegenüber der alten Fassung insofern ein, als das Merkmal hinzugefügt ist, daß durch die Tat eine Gemeingefahr herbeigeführt worden ist. Der Vorsatz des Täters muß auch dieses Merkmal umfassen. Das heißt zwar nicht, daß sich der Vorsatz auf die Verwirklichung der Gefahr für Leib oder Leben von Menschen oder für bedeutende Sachwerte erstrecken müsse; vielmehr genügt das Bewußtsein, daß eine Gefahr dieser Art herbeigeführt wird. Bedingter Vorsatz reicht aus; es genügt also, daß der Täter mit dieser erhöhten Gefahr rechnet und ihren Eintritt billigt. Das war im Urteil des Landgerichts nicht festgestellt. Das Reichsgericht konnte die Feststellung nicht ergänzen, da es sich um keine zwingende Schlußfolgerung handelte. Im Urteil war die Tat als eine Jugendtorheit bezeichnet; es war denkbar, daß die Angeklagten zwar eine Entgleisung des Zuges für möglich hielten, aber in ihrem jugendlichen Leichtsinn annahmen, eine Gemeingefahr werde nicht eintreten (bewußte Fahrlässigkeit). (V, 25. Januar 1937.)
Amtl. Sammlg. S. 42—44.
Vgl. Bd. 70 S. 285.

19. **Wahlfeststellung. Strafbemessung. Revisionsbeschränkung.** (StGB. §§ 2b, 218, 263.) Das Schwurgericht stellte fest, daß der Angeklagte entweder einen gewerbsmäßigen Abtreibungsversuch oder einen Betrug begangen habe; es verurteilte ihn zu einer Gefängnisstrafe von 2 Jahren und sprach ihm die bürgerlichen Ehrenrechte auf 5 Jahre ab. Als straferschwerend war angeführt, daß der Angeklagte geleugnet und sich eines volksschädigenden Verhaltens schuldig gemacht habe. Das Reichsgericht hob das Urteil auf. Im Falle einer Wahlfeststellung ist nicht nur die Strafe in den Grenzen des Strafrahmens zu halten, der dem mildesten Gesetz entspricht, sondern die Strafe ist überhaupt so zu bemessen, wie wenn der Täter den Tatbestand des mildesten Gesetzes verwirklicht hätte. Die Möglichkeit oder Wahrscheinlichkeit, daß der Angeklagte einen anderen in die Wahlfeststellung einbezogenen Tatbestand verwirklicht habe, darf nicht zur Strafschärfung beitragen. Der Angeklagte hatte den Betrug zugegeben, dagegen den Abtreibungsversuch geleugnet; dieses Verhalten durfte nicht zu einer Ver-

schärfung der Strafe Anlaß geben. Auch bei der Bezeichnung des Verhaltens des Angeklagten als volksschädigend hatte sich das Schwurgericht von dem Gedanken nicht freigemacht, daß sich die Tat als Versuch der gewerbsmäßigen Abtreibung darstelle; ein vereinzelter Betrug geringen Umfangs kann nicht als volksschädigend bezeichnet werden. — Der Verteidiger hatte bei der Revisionseinlegung allgemein Verletzung des sachlichen Rechts gerügt, nachträglich aber nur den Strafausspruch angegriffen. Das war zulässig, da er ermächtigt war, die Revision zurückzunehmen. (V, 1. Febr. 1937.) Amtl. Sammlg. S. 44—46.

20. **Urkundenfälschung. Geldstrafe.** (StGB. §§ 27b, 348.) Der stellvertretende Vollziehungsbeamte eines Finanzamtes trug für Zahlungen, die an ihn geleistet worden waren, unrichtige Empfangstage in die Akten des Finanzamts und in die Quittungen der Steuerschuldner ein. Er wurde wegen vorsätzlich falscher Beurkundung im Amte zu einer Gefängnisstrafe verurteilt. Das Reichsgericht verwies die Sache zurück. In den unrichtigen Eintragungen in den Akten des Finanzamts war keine vorsätzliche Falschbeurkundung zu finden. Diese Eintragungen waren nur für den inneren Dienst, nicht zu öffentlichem Glauben gegenüber jedermann bestimmt, also keine öffentlichen Urkunden. Möglich war, daß die Quittungen als öffentliche Urkunden anzusehen waren; das traf dann zu, wenn sie in der vorgeschriebenen Form, besonders also unter Beidrückung des zur Formgültigkeit etwa erforderlichen Amtssiegels aufgenommen worden waren. Darüber fehlten Feststellungen. Die Verhängung einer Gefängnisstrafe hatte das Landgericht damit begründet, daß die Straftat eines Beamten, auch wenn sie milde liegt, nur mit einer Freiheitsstrafe geahndet werden könne, da von einem Beamten Treue und Zuverlässigkeit verlangt werden müsse. Das Reichsgericht erklärte, daß der Ausspruch nicht mit allgemeinen, sondern mit solchen Erwägungen begründet werden müsse, die dem Einzelfall entnommen sind; es muß sich daraus ergeben, daß gerade bei diesem Angeklagten der Strafzweck nicht durch eine Geldstrafe erreicht werden kann. (V, 4. Februar 1937.)

Amtl. Sammlg. S. 46—47.

Vgl. Bd. 62 S. 414; Bd. 68 S. 201; Bd. 69 S. 105; JW. 1926 S. 2178; 1936 S. 1052.

21. Verführung. Versuch. Vorbereitungshandlung. Rücktritt. (StGB. §§ 43, 46, 175 a.) Der Angeklagte sprach auf der Straße einen 16 Jahre alten Laufburschen an, der Kniehosen trug; er sagte, daß er schöne dicke Beine habe und führte unsittliche Reden mit ihm, ergriff dann auch eine Hand des Jungen und drückte sie über den Kleidern gegen seinen Unterleib. Es wurde dann ein Zusammentreffen am Abend zwischen ihnen vereinbart; der Angeklagte konnte aber nicht kommen, weil wider sein Erwarten sein Dienst besonders lange dauerte. Die Verurteilung wegen versuchter Verführung wurde bestätigt. Das Landgericht hatte hiezu ausgeführt: Unter Verführung ist jede Einwirkung auf den Willen des Minderjährigen zu verstehen, die dazu dient, diesen zu dem beabsichtigten Verbrechen willfährig zu machen. Der Angeklagte wirkte in verschiedener Weise auf den Willen des Jungen ein. Nachdem er sich bemüht hatte, dessen Vertrauen zu gewinnen, suchte er durch unsittliche Reden dessen sittliche Hemmungen zu zerstören und ihn zu der geplanten Handlung zu überreden; die körperliche Berührung sollte die geistigen und seelischen Einflüsse verstärken. Als er den Jungen für seine Zwecke willig glaubte, verabredete er sich mit ihm für den Abend, um dann das Verbrechen zu vollenden. Diese Unterbrechung der beabsichtigten Ausführungshandlung beseitigte nicht deren Einheitlichkeit. Das Reichsgericht trat diesen Ausführungen bei. Bei der Abgrenzung der Vorbereitungshandlungen von dem Versuch kommt es entscheidend darauf an, ob die Angriffsmittel schon in tätige Beziehung zu dem Angriffsgegenstande gesetzt worden sind. Das war hier der Fall gewesen. Von einem straflosen Rücktritt vom Versuch konnte keine Rede sein. (IV, 5. Februar 1937.)

Amtl. Sammlg. S. 47—49.

Vgl. Bd. 69 S. 327; Bd. 70 S. 199.

22. Bandenschmuggel. Steuerhehlerei. Amtsanmaßung. Festnahme. Nötigung. Erpressung. (StGB. §§ 132, 240, 246, 250, 253, 255, 259; RAbgO. §§ 5, 396, 403; VZG. § 146; StPO. § 127.) S., U. und H. vereinbarten einen gemeinschaftlichen Schmuggelgang. U. und H. führten den Gang miteinander aus; S. hielt sich in der Nähe auf. H. sollte das Schmuggelgut zu S. bringen. Auf dem Wege dorthin wurde er von B. und E. angerufen und zum

Halten aufgefordert; sie erklärten, sie seien Grenzbeamte und drohten zu schießen, falls er nicht stehen bleibe. Er warf daraufhin den Sack, in dem das Schmuggelgut enthalten war, zu Boden und suchte das Weite. B. und E. nahmen den Sack an sich und brachten ihn in die Wohnung der Braut des B. S., U. und H., die Verdacht geschöpft hatten, daß B. und E. keine Zollbeamten gewesen seien, begaben sich dorthin und ließen sich das Schmuggelgut wieder aushändigen. S., U. und H. wurden wegen Bandenschmuggel und Steuerhehlerei verurteilt. Das Reichsgericht hob die Verurteilung wegen Bandenschmuggel auf. Der Tatbestand ist nicht schon dann erfüllt, wenn drei Personen einen Schmuggel verabredet haben, an der Ausführung aber nur zwei von ihnen zeitlich und örtlich teilnehmen. Indem S., U. und H. sich die Schmuggelware von der Braut des B. wieder aushändigen ließen, machten sie sich der Steuerhehlerei schuldig. Als H. die Waren wegwarf, war die Zollhinterziehung, die er rechtlich schon mit der Überschreitung der Grenze begangen hatte, auch beendigt. Durch den Erwerb des Schmuggelguts beging der, der sie in Kenntnis dieser Eigenschaft an sich brachte, eine Steuerhehlerei. Wie der Dieb an der gestohlenen Sache auch noch Hehlerei in Tatmehrheit begehen kann, wenn er die gestohlene Sache, nachdem sie ihm abhanden gekommen ist, wieder an sich bringt, so kann auch der Täter einer Zollhinterziehung in Tatmehrheit mit diesem Vergehen am Schmuggelgut noch eine Steuerhehlerei verüben, wenn er nach Beendigung der Zollhinterziehung die Schmuggelware später wieder ankauft oder sonst an sich bringt. Als Fortsetzung der durch das Wegwerfen des Schmuggelguts beendeten Zollhinterziehung konnte das Vorgehen nicht angesehen werden, so daß eine Bestrafung wegen Bandenschmuggel nicht möglich war. Das Verhalten von B. und E. erfüllte den Tatbestand der Amtsanmaßung, indem sie sich als Grenzbeamte bezeichneten und Handlungen vornahmen, die nur Grenzbeamte vornehmen durften. Sie wären allerdings berechtigt gewesen, H. festzunehmen, da sie ihn auf offener Tat betrafen; von dieser Befugnis wollten sie aber keinen Gebrauch machen. Durch diese Befugnis wurde ihre Drohung, zu schießen, nicht gerechtfertigt, denn sie durften auf den Schmuggler auch dann nicht schießen, wenn er auf ihren Haltruf nicht stehen blieb; demgemäß lag in Tateinheit mit Amtsanmaßung auch Nötigung, sofern sie aber H. zum Hergeben der Schmuggelware veranlaßten, schwere Erpressung vor. Dagegen bestanden rechtliche Bedenken gegen ihre Verurteilung wegen Steuerhehlerei. Durch das Verbergen des Schmuggelguts hatten sie das Tatbestandsmerkmal des Verheimlichens nicht verwirklicht, weil sie nicht im Einverständnis mit dem Schmuggler H. gehandelt hatten. Auch das Merkmal des Ansichbringens war durch die bisherigen Feststellungen nicht genügend dargetan. Wie zur gemeinen Hehlerei gehört auch zur Steuerhehlerei, daß der Täter den Besitz der Sache, die mit dem Makel einer Straftat belastet ist, vom Vortäter abgeleitet hat. Das traf hier nur dann zu, wenn B. und E. den H. veranlaßt hatten, ihnen die Schmuggelware zu übergeben, nicht aber, wenn sie nur die von diesem weggeworfenen Sachen an sich genommen hatten. In diesem Falle war die Tat als Unterschlagung zu würdigen. (V, 8. Februar 1937.) Amtl. Sammlg. S. 49—53. Vgl. Bd. 34 S. 443; Bd. 35 S. 278; Bd. 47 S. 377; Bd. 52 S. 26, 235; Bd. 54 S. 246, 281; Bd. 64 S. 326; Bd. 67 S. 356; Bd. 69 S. 105, 193.

23. **Versuch. Bedingter Vorsatz.** (StGB. § 43; DevG. §§ 13, 42.) Für eine Reise in die Tschechei wurde um Devisen nachgesucht. Nachdem das Gesuch abgelehnt worden war, wurde es wiederholt; für den Fall endgültiger Ablehnung nähte der Gesuchsteller deutsche Banknoten in eine Fußmatte ein, um sie in seinem Kraftwagen über die Grenze zu bringen. Die Sache wurde entdeckt, ehe es zur Abfahrt kam. Seine Verurteilung wegen versuchten Devisenvergehens wurde vom Reichsgericht nicht bestätigt. Mit dem Einnähen hatte er zwar noch keine zum gesetzlichen Tatbestand des beabsichtigten Vergehens gehörige, aber doch eine solche Handlung vorgenommen, die vermöge ihrer notwendigen Zusammengehörigkeit mit einer Tatbestandshandlung (dem Bewegen nach der Grenze hin) für die natürliche Auffassung als deren Bestandteil erschien. Zur Strafbarkeit gehörte aber, daß der Täter den Entschluß zur Tat endgültig gefaßt hatte; der bedingte Wille, eine strafbare Handlung vorzunehmen, reichte nicht aus. Ist der Wille, die tatbestandsmäßige Handlung auszuführen, noch von einer Bedingung abhängig, so ist er

strafrechtlich bedeutungslos. Es kam daher in Frage, ob der Angeklagte mit der Möglichkeit gerechnet hatte, daß die Devisengenehmigung noch vor der beabsichtigten Ausreise eintreffen werde, und ob er gewillt war, für diesen Fall den Schmuggel zu unterlassen. (V, 8. Februar 1937.) Amtl. Sammlg. S. 53—54.

24. **Zeugenbeweis. Vereidigung.** (StPO. § 61.) D. kam nachts auf der Straße mit C. in Streit und versetzte ihm mehrere Messerstiche; C. starb infolge der Verletzungen. Vor dem Schwurgericht erklärte D., er habe in Notwehr, zum mindesten in vermeintlicher Notwehr gehandelt; C. sei in betrunkenem Zustand gefährlich gewesen; er habe kurz vor dem Vorfall den S. ohne jeden Anlaß angegriffen. S. wurde als Zeuge vernommen, aber nicht vereidigt, da das Gericht einstimmig der Ansicht war, daß seine Aussage für die Entscheidung unerheblich sei und daß auch unter Eid keine erhebliche Aussage zu erwarten sei. Die darauf gestützte Revision des Angeklagten hatte keinen Erfolg. Für die Anwendung des § 61 Nr. 5 kommt es darauf an, ob der Inhalt der Aussage unerheblich ist, also weder für die Entscheidung der Schuldfrage noch für die Strafzumessung von Bedeutung sein kann. Dieses Merkmal kann auch schon dann gegeben sein, wenn zwar der Beweissatz für die Urteilsfindung erheblich ist, die als Zeuge vernommene Person aber zu dem Beweissatz nichts oder doch nichts von irgendwelchem Belang bekundet hat oder bekunden kann. Die Vorschrift bezweckt, dem Gericht die Möglichkeit zu geben, solche für die Entscheidung belanglose Aussagen unbeeidigt zu lassen. Die Frage der Glaubwürdigkeit des Zeugen ist dabei insofern wesentlich, als es nicht schon genügt, daß die uneidlich gemachte Bekundung für unerheblich befunden wird; es muß auch geprüft werden, ob zu erwarten ist, daß die Vereidigung ein entgegengesetztes Ergebnis haben, nämlich dazu führen werde, daß der bis dahin unerhebliche Inhalt der Aussage unter dem Eideszwang sich in einen erheblichen Inhalt verwandeln werde. Fehlerhaft wäre es gewesen, wenn das Gericht dem ganzen unter Beweis gestellten Vorfall schon deswegen keine Bedeutung beigemessen hätte, weil der Angeklagte bei seinem Zusammenstoß mit C. davon keine Kenntnis hatte. Dann blieb immer noch die Möglichkeit offen, daß C. bei dem Vorfall sich

wirklich gewalttätig gezeigt hatte, und damit die weitere Möglichkeit, daß er sich auch dem Angeklagten gegenüber so benahm. Aus dem Urteil ergab sich aber, daß das Schwurgericht die Aussage des S. für wahr, insbesondere auch für vollständig gehalten hatte und der Überzeugung gewesen war, daß auch eine Vereidigung kein anderes Ergebnis haben werde. Nicht der Beweissatz, sondern der Inhalt der Aussage des Zeugen war für unerheblich gehalten worden. (I, 9. Febr. 1937.) Amtl. Sammlg. S. 54—58.

Vgl. Bd. 70 S. 90.

25. **Steuerhinterziehung. Einziehung der Beförderungsmittel.** (RAbgO. § 401.) Aus einem Tabaklager war unverzollter Tabak entwendet und in den freien Verkehr gebracht worden. Der Spediteur und der Fuhrunternehmer, die den Tabak zu dem Hehler gebracht hatten, wurden wegen Beihilfe zur Steuerhinterziehung angeklagt, aber freigesprochen. Das Hauptzollamt legte Revision ein, weil nicht auf Einziehung der zur Beförderung verwandten Fahrzeuge erkannt worden war. Das Rechtsmittel hatte keinen Erfolg. Die Einziehung der Beförderungsmittel ist nur insoweit vorgesehen, als sie der Täter zu der Begehung der Tat benutzt hat. Das Reichsgericht ließ die Frage offen, ob die Vorschrift nur dann anwendbar ist, wenn der Täter sich selbst die tatsächliche Herrschaft über das zur Beförderung der steuerpflichtigen Waren benutzte Fahrzeug verschafft hat, oder auch dann, wenn diese zwar bei dem Eigentümer oder Halter des Beförderungsmittels oder dessen Angestellten verblieben ist, zugleich mit der Ware aber der Täter selbst als Fahrgast mitbefördert und dadurch in die Lage versetzt worden ist, Weisungen darüber zu erteilen, wie die Beförderung auszuführen ist. Keine der beiden Möglichkeiten war hier gegeben. Keinesfalls ist die Einziehung möglich, wenn der Täter nur einen Werkvertrag geschlossen und die Einzelheiten der Beförderung, insbesondere die Auswahl der Beförderungsmittel, seinem Auftragsgegner überlassen hat. So lag die Sache hier. Die gegenteilige Auffassung würde das Fuhr- und Speditionsgewerbe mit einem Wagnis belasten, das durch keine rechtspolitischen Erwägungen gerechtfertigt werden könnte. (III, 11. Februar 1937.)

Amtl. Sammlg. S. 58—59.

Vgl. Bd. 65 S. 283; Bd. 68 S. 11.

26. Vermögenssteuerhinterziehung. Steueramnestie. Berichtigung. Anleihezeichnung. Unterwerfungsverfahren. (RAbgO. §§ 395, 396, 445; 1. StAmnVO. § 16; 2. St.-AmnVO. §§ 8, 15; StrafFrG. vom 7. August 1934 und 23. April 1936; StAnpG. vom 16. Oktober 1934 §§ 28, 29, 31.) Wegen vorsätzlicher Verkürzung der Vermögenssteuer 1927—1930 und eines in Tatmehrheit damit begangenen Vergehens gegen § 15 der 2. StAmnVO. wurde eine Strafe ausgesprochen, wegen des zweiten Vergehens deshalb, weil der Angeklagte auch in seiner Vermögenserklärung vom 30. Juni 1931 sein Vermögen zu niedrig angegeben und dadurch eine Steuerverkürzung für die Jahre 1931—1934 bewirkt habe; wegen Hinterziehung der Vermögenssteuer für diese Jahre erfolgte keine Verurteilung. Die Verurteilung aus § 15 der 2. StAmnVO. wurde weiter damit begründet, daß der Angeklagte innerhalb der am 26. Oktober 1931 endenden Frist für die Straffreiheit weder eine schon vor dem Inkrafttreten der Verordnung abgegebene unrichtige Vermögenserklärung 1931 berichtigt noch in Höhe der Wertbeträge, um die er sein Vermögen zu niedrig angegeben hatte, Reichsbahnanleihe erworben hatte. Das schloß rechtlich nicht aus, ihn wegen einer in Tateinheit hiemit begangenen Vermögenssteuerhinterziehung zu verurteilen. Es bestanden aber durchgreifende rechtliche Bedenken gegen die Verurteilung aus § 15 der 2. StAmnVO. Zum Teil durch Selbstanzeige, zum Teil durch Erwerb von steuerfreier Reichsanleihe Straffreiheit für die vor dem Inkrafttreten der Verordnung begangene Hinterziehung zu erlangen, ist nicht möglich. Ob die Steuerhinterziehung eingetreten oder auch nur erstrebt worden ist, hat für die Bestrafung nach § 15 StAmnVO. keine Bedeutung; darauf kommt es nur für eine Strafbarkeit nach § 396 RAbgO. an. Das Landgericht hatte festgestellt, daß der Angeklagte in der Vermögenserklärung 1931 gewisse Werte verschwiegen hatte. Um eine sichere Grundlage für die Verurteilung zu gewinnen, hätte es aber die am 1. Januar 1931, dem Stichtage für die Steuererklärung, vorhanden gewesenen Vermögensgegenstände, die der Angeklagte nicht angegeben hatte, im einzelnen festzustellen und mit ihrem Werte anführen müssen; es hätte nicht bloß das Endergebnis der Vermögensberechnung berücksichtigen dürfen. Die Anleihezeichnung hätte nicht in der Höhe der Steuerverkürzung, sondern in der Höhe des verschwiegenen Vermögens erfolgen müssen; Schuldposten, die versehentlich nicht angegeben waren, dürfen nicht nachträglich abgezogen werden. Da unter den nicht angegebenen Werten auch Dollarbeträge sich befanden, war zu prüfen, wie weit diese bei der Beurteilung der Frage, ob infolge ausreichender Zeichnung von Reichsbahnanleihe Straffreiheit für die früheren Steuerhinterziehungen eingetreten und keine Zuwiderhandlung gegen § 15 der 2. StAmnVO. begangen worden war, zufolge des Steueranpassungsgesetzes außer Betracht zu bleiben hatten. Auch wenn aber diese Dollarbeträge für die Anwendung des § 15 der 2. StAmnVO. bedeutungslos waren, entfiel zwar die Straffreiheit für die Steuerhinterziehungen, es ergab sich aber nun der äußere Tatbestand einer Zuwiderhandlung gegen den § 15 der 2. StAmnVO. Zum inneren Tatbestand findet die Vorschrift des § 395 RAbgO. über die Einwirkung eines steuerstrafrechtlichen Irrtums Anwendung. Der Steuerpflichtige trägt zwar auch hiebei die Gefahr eines Irrtums, aber doch nur, soweit es sich um die Frage der Straffreiheit und des äußeren Tatbestandes des Vergehens gegen die Vorschrift handelt. Das Finanzamt hatte angenommen, die Verpflichtung des Angeklagten zur Berichtigung der Vermögenserklärung 1931 und damit auch die im Unterlassen dieser Berichtigung liegende Straftat habe bis zu der Buchprüfung vom 5. März 1935 fortgedauert. Dieser Auffassung trat das Reichsgericht nicht bei. Die Verpflichtung zur Berichtigung der abgegebenen Erklärung hatte ihre Grundlage in der Vorschrift des § 15 der 2. StAmnVO.; sie fand daher mit dem Ablauf der in diesem Gesetz bestimmten Erklärungsfrist ihr Ende. Das war von Bedeutung für die Anwendung des Straffreiheitsgesetzes vom 7. August 1934. Die Vermögenssteuerhinterziehungen für die Jahre 1932 bis 1934 hatten ihre Grundlage nicht in neuen Vermögenserklärungen, sondern in jener vom Jahre 1931. Auch hierauf kam es für die Anwendung des Straffreiheitsgesetzes vom 7. August 1934 an; denn eine Tat ist nur dann vor dem Inkrafttreten des Gesetzes begangen worden, wenn nicht nur die Tätigkeit des Täters, sondern auch die damit angestrebten Erfolge, einschließlich des letzten Teilerfolges, vor dem Stichtage des Gesetzes ein-

getreten sind. Hiefür sind dieselben Grundsätze anwendbar, die das Reichsgericht für die Frage der Verjährung entwickelt hat, wenn sich die durch einen Betrug herbeigeführte Vermögensbeschädigung nicht auf einmal, sondern erst nach und nach zu verschiedenen Zeitpunkten vollzogen hat. Der Angeklagte hatte eine im Unterwerfungsverfahren gegen ihn verhängte Geldstrafe bezahlt. Diese hätte auf die neuerdings gegen ihn ausgesprochene Strafe angerechnet werden müssen. Für die Anwendbarkeit des Straffreiheitgesetzes war das aber ohne Belang. (I, 12. Februar 1937.)
Amtl. Sammlg. S. 59—64.
Vgl. Bd. 62 S. 418; Bd. 68 S. 99; Bd. 69 S. 97; JW. 1936 S. 1677, 3467.

27. Blutschande. Verschwägerung. (StGB. § 173.) Der Angeklagte hatte, nachdem seine Ehe im Jahre 1933 durch den Tod seiner Frau aufgelöst worden war, im Jahre 1935 mit einer Tochter seiner Frau aus einer früheren Ehe geschlechtlich verkehrt. Seine Bestrafung wegen Blutschande wurde vom Reichsgericht bestätigt. Nach der jetzigen Fassung des Gesetzes ist es für die Schuldfrage ohne Bedeutung, ob die Ehe, durch welche die Schwägerschaft begründet worden ist, noch besteht. (V, 11. Februar 1937.)
Amtl. Sammlg. S. 65.

28. Räuberischer Diebstahl. (StGB. § 250.) In einem Hofraum wurde von einem dort aufgestellten Fahrrad eine Laterne und eine Luftpumpe gestohlen. Der Eigentümer verfolgte den Dieb auf die Straße und holte ihn ein. Dieser versetzte ihm mit der Luftpumpe einen Schlag über den Kopf, um sich im Besitz der gestohlenen Sachen zu erhalten. Das Landgericht verurteilte wegen räuberischem Diebstahls nach § 252 StGB., entnahm die Strafe aber nicht dem § 250 (Straßenraub), sondern dem § 249 (einfacher Raub). Das Reichsgericht entschied, daß die Tat als Straßenraub zu bestrafen sei. Der räuberische Diebstahl besteht in dem Zusammentreffen zweier Handlungen, eines Diebstahls und einer Nötigung. Die Wegnahme gehört zu der Täterhandlung selbst, ist nicht nur eine Voraussetzung für diese; die Nötigung ist ein begleitender Umstand, der dieser Art von Diebstahl ihre Besonderheit verleiht. Immerhin ist diese Begleiterscheinung auch ein Teil der Gesamthandlung. Es wäre ein Fehlschluß, anzunehmen, die schärfere Bestrafung, die § 250 StGB.

auch für die Fälle des § 252 vorsieht, sei daran gebunden, daß die beiden Handlungen, die zusammen den räuberischen Diebstahl ausmachen, unter denselben straferhöhenden Umständen begangen werden. Das gilt besonders für den Fall, daß die Strafe deswegen erschwert wird, weil die Tat an einer Örtlichkeit gewisser Art begangen worden ist. Die Sicherheit der Straßen und öffentlichen Plätze ist unter besonderen Schutz gestellt. Wird ein räuberischer Diebstahl in der Weise verübt, daß die Nötigung auf offener Straße geschieht, so wird die Straßensicherheit in Mitleidenschaft gezogen durch eine Tat von der Art, die das Gesetz für besonders schwer ansieht, wenn sie in die Straßensicherheit eingreift. Wie der Fall zu beurteilen wäre, wenn der Täter nur den Diebstahl, nicht aber die Nötigung auf der Straße begangen hätte, stand nicht zur Entscheidung. (I, 16. Februar 1937.)

Amtl. Sammlg. S. 65—69.
Vgl. Bd. 66 S. 355.

29. **Sicherungsmaßnahme. Untersagung der Gewerbeausübung.** (StGB. § 42, 1.) Neben einer Strafe wegen Betrugs wurde dem Angeklagten die Ausübung jedweden Handelsgewerbes auf die Dauer von 3 Jahren untersagt. Darin trat kein Rechtsirrtum zutage. Es ist allerdings Sache des Tatrichters, den Beruf, das Gewerbe oder den Gewerbszweig, dessen Ausübung untersagt wird, genau zu bestimmen. Da der Angeklagte sich im Handelsgewerbe betätigt und die Betrügereien unter grober Verletzung der Pflichten begangen hatte, die ihm als einem Angehörigen dieses Gewerbes oblagen, bestand die Gefahr, daß er wieder in derselben Weise rückfällig werde, wenn er von neuem als Handelsgewerbetreibender auftrat. Deshalb war vom rechtlichen Standpunkt aus nichts dagegen einzuwenden, daß ihm die Ausübung des Handelsgewerbes gänzlich untersagt wurde. (III, 18. Februar 1937.)

Amtl. Sammlg. S. 69—70.

30. **Blutschutz. Nichtiges Verlöbnis. Zeugnisverweigerungsrecht.** (StPO. § 52; BlutSchG. §§ 1, 2, 5.) Ein Jude wurde wegen außerehelichen Verkehrs mit einem deutschblütigen Mädchen verurteilt. Er hatte sich damit verteidigt, daß er das Mädchen schon vor Erlaß des Blutschutzgesetzes als seine Braut betrachtet habe. In seiner Revision rügte er, daß das Mädchen nicht auf sein Zeug-

nisverweigerungsrecht hingewiesen worden sei. Die Rüge hatte keinen Erfolg. Ein Verlöbnis besteht nur bei einem ernstlichen, auf künftige Eheschließung gerichteten Vertrag, der weder gegen das Gesetz noch gegen die guten Sitten verstößt. Das Blutschutzgesetz verbietet Eheschließungen zwischen Juden und deutschen Staatsangehörigen deutschen oder artverwandten Blutes. Das Verbot stellt ein unbedingtes Ehehindernis auf; Ehen, die gleichwohl geschlossen werden, sind nichtig. Ein Verlöbnis, das wegen eines unbedingten Ehehindernisses nicht erfüllt werden kann, entbehrt der Rechtswirksamkeit. Allerdings ist eine Befreiung von dem Ehehindernis möglich; sie steht aber nur in ganz besonderen Ausnahmefällen zu erwarten, in denen schwerwiegende Gründe vom Gesichtspunkt der Allgemeinheit aus eine Abweichung von der Regel nahe legen. Solange eine solche Befreiung nicht bewilligt ist, vermag ein Verlöbnis, das dem Verbot zuwiderläuft, keine Rechtswirkungen zu äußern. Das gilt auch für die Verlöbnisse, die schon bestanden, als das Gesetz in Kraft trat. (II, 18. Februar 1937.) Amtl. Sammlg. S. 70—72.

31. Gewerbsmäßige Unzucht. Beihilfe. (StGB. §§ 48, 50, 175, 175 a.) Einem Manne, der sich gewerbsmäßig von Männern zur Unzucht gebrauchen ließ, wurde hiezu Beihilfe geleistet. Das Landgericht hatte die Tat als Verbrechen beurteilt. Das Reichsgericht erklärte das für rechtsirrig. Die Gewerbsmäßigkeit der Unzucht mit Männern ist eine persönliche Eigenschaft des Täters, welche die Strafbarkeit erhöht; sie darf nur dem Täter oder Teilnehmer zugerechnet werden, bei dem sie vorliegt. Es genügt nicht, daß der Gehilfe die Gewerbsmäßigkeit der Handlungsweise des Täters gekannt hat und ihm hiezu Beihilfe hat leisten wollen; vielmehr ist für die Verurteilung erforderlich, daß der Gehilfe selbst sich durch seine Tat eine Einnahmequelle von gewisser Dauer hat schaffen wollen. Das traf hier nicht zu, da die Beihilfe unentgeltlich geleistet worden war. (V, 18. Februar 1937.)

Amtl. Sammlg. S. 72—74.

Vgl. Bd. 25 S. 236, 276; Bd. 26 S. 3; Bd. 61 S. 268; JW. 1934 S. 170.

32. Steuergeheimnis. Steuerzuwiderhandlung. Bestechung. Nebenklage. (StGB. §§ 332, 333; RAbgO. §§ 392, 412, 472; StrFreihG. vom 7. August 1934 § 2;

StPO. §§ 260, 333, 338.) Ein Beamter ließ sich durch Bestechung zur Verletzung des Steuergeheimnisses verleiten. Er wurde wegen Bestechung in Tateinheit mit Verletzung des Steuergeheimnisses zu einer Strafe verurteilt; das Verfahren gegen den Anstifter wurde auf Grund des Straffreiheitgesetzes eingestellt. Gegen das Urteil legte sowohl die Staatsanwaltschaft als das Finanzamt Revision ein. Sie führte zur Aufhebung des Urteils. Wird ein Verfahren auf Grund des Straffreiheitgesetzes durch Urteil eingestellt, so ist dieses Urteil mit Berufung oder Revision anfechtbar. Das Rechtsmittel des Finanzamts war statthaft, weil die Verletzung des Steuergeheimnisses eine Steuerzuwiderhandlung war, das Finanzamt also die Stellung eines Nebenklägers hatte. Auch die Staatsanwaltschaft kann ein Urteil insoweit angreifen, als nur das Finanzamt beschwert ist. Ohne Belang für die Zulässigkeit des Rechtsmittels war, daß die Staatsanwaltschaft den Grund zur Beschwerde selbst verursacht hatte, indem sie versehentlich unterließ, das Finanzamt zu laden oder doch vom Termin zu benachrichtigen. Die Durchführung der Verhandlung in Abwesenheit des Finanzamts war allerdings kein unbedingter Revisionsgrund, wohl aber ein Verfahrensmangel, auf den grundsätzlich die Revision gestützt werden konnte. Das zulässige Rechtsmittel des Nebenklägers nötigte dazu, die zur Untersuchung gezogene Tat erschöpfend nachzuprüfen. Die Frage, ob das Urteil auf dem Verfahrensverstoß beruhte, konnte nicht verneint werden; möglicherweise hätte das Landgericht, wenn es das Finanzamt gehört hätte, eine Strafe von solcher Höhe für angemessen erachtet, daß es nicht auf Straffreiheit hätte erkennen können. Daß das Finanzamt von dem Termin Kenntnis erlangt hatte, war ohne Belang. (V, 25. Februar 1937.) Amtl. Sammlg. S. 74—76. Vgl. Bd. 7 S. 220; Bd. 28 S. 224; Bd. 54 S. 56; Bd. 57 S. 255; Bd. 61 S. 349; Bd. 65 S. 44, 60, 125, 131; Bd. 69 S. 157.

33. **Tabaksteuerhinterziehung. Verdorbener Tabak.** (RAbgO. § 396; TabStG. § 2.) In eine Tabakwarenfabrik wurden Zigaretten als beanstandet zurückgeliefert. Die dafür schon gezahlte Tabaksteuer wurde erstattet. Aus den Zigaretten wurde Aufrißtabak hergestellt (feingeschnittener Rauchtabak). 600 kg dieses Aufrißtabaks waren

so verdorben, daß sie zum Rauchen nicht mehr verwendbar waren. Der Tabakmeister der Fabrik brachte den Tabak aus der Fabrik weg und überließ ihn unentgeltlich einem Tabakhändler. Das Landgericht entschied, daß er den Tabak in den freien Inlandverkehr gebracht und sich hierdurch einer Tabaksteuerhinterziehung schuldig gemacht habe; auf Grund der Annahme, daß der Tabak höchstens noch als Schnupftabak schlechtester Sorte hätte verwandt werden können, errechnete es eine Mindestgeldstrafe von 720 *RM* und stellte das Verfahren auf Grund des Straffreiheitgesetzes vom 7. August 1934 ein. Das Reichsgericht verwies die Sache zurück. Schnupftabak ist gemahlener oder sonst zerkleinerter Tabak, der zum Schnupfen bestimmt ist. Diesem Begriff muß die Ware im Zeitpunkt der Entstehung der Steuerpflicht entsprechen. Die 600 kg Tabak, die der Angeklagte in den freien Inlandsverkehr brachte, waren aber kein Schnupftabak, sondern verdorbener feingeschnittener Rauchtabak. Nur darauf kam es an, nicht darauf, daß aus dem Tabak nur noch Schnupftabak schlechtester Sorte hergestellt werden konnte. In Frage kam aber, ob er nicht deshalb, weil er für Rauchzwecke nicht mehr verwendbar war, auch der Tabaksteuerpflicht nicht mehr unterlag. Die Tabaksteuer ist nach den Kleinverkaufspreisen zu bemessen. Wie zu verfahren ist, wenn ein so gut wie völlig entwertetes Tabakerzeugnis in den Verkehr gebracht wird, ist im Gesetz nicht ausdrücklich geregelt. Der Sinn der Gesamtregelung des Gesetzes ergibt aber, daß auch in diesem Fall eine Steuerpflicht besteht und daß die Steuer nach den Sätzen festzusetzen ist, die für das Tabakerzeugnis an sich vorgesehen sind. Auch Tabakerzeugnisse, die ihrer Beschaffenheit nach im Handelsverkehr schwer oder gar nicht verwertbar sind, würden, wenn sie nicht versteuert zu werden brauchten, infolge der Verbilligung, die dadurch bewirkt wird, ihre Abnehmer finden, die sonst mit ihrem Rauchbedürfnis auf versteuerte Ware angewiesen wären. Das ist sowohl im Interesse des Steueraufkommens als auch zum Schutz des regelrechten Tabakhandels zu vermeiden. Für die Steuerbemessung stehen nur die Steuersätze zur Verfügung, die für das einzelne Erzeugnis seiner Art gelten. In der Regel wird es sich in Fällen der hier behandelten Art um den Mindestsatz handeln, da solche Erzeugnisse im Verkehr vor allem bei den Verbrauchern Absatz finden werden, für die sonst die billigste Ware derselben Art in Frage kommt. Hienach hätte sich eine Mindestgeldstrafe von 19200 *RM* ergeben. Das Verfahren konnte also nicht auf Grund des Straffreiheitgesetzes eingestellt werden. (II, 1. März 1937.)

Amtl. Sammlg. S. 76—80.

34. **Kraftwagenverkehr. Vorfahrtsrecht. Langsam beweglicher Verkehrsteilnehmer.** (StrVerkO. § 27.) M. fuhr mit seinem Lastkraftwagen, den er ständig als Gemüsehändler führte, in einer Straßenkreuzung einen Personenkraftwagen an, der von rechts her kam und die Kreuzung in gerader Linie überquerte; der Wagen wurde von H., einem Berufsfahrer, gesteuert. Beide Wagen gerieten ins Schleudern; der Wagen des M. schlug um; eine Frau, die darin saß, wurde so schwer verletzt, daß sie alsbald starb. M. wurde wegen berufsfahrlässiger Tötung in Tateinheit mit berufsfahrlässiger Körperverletzung und mit einer Übertretung straßenpolizeilicher Vorschriften verurteilt; H. wurde von der Anklage der gleichen Verfehlungen freigesprochen. Gegen das Urteil legten sowohl die Staatsanwaltschaft als auch der angeklagte M. Revision ein. Das Reichsgericht verwies die Sache zurück. Da es sich um eine Kreuzung zweier gleichartiger, nicht mit Vorfahrtsrechtzeichen versehener Straßen handelte, stand H. das Vorfahrtsrecht zu. M. war auch kein langsam beweglicher Verkehrsteilnehmer; unter diesen Begriff fallen nicht alle Fahrzeuge, die sich in einer Kreuzung langsam bewegen, sondern nur solche, die sich nicht mit einer für Kraftfahrzeuge erreichbaren Geschwindigkeit bewegen können. M. durfte unter solchen Umständen in die Kreuzung nur hineinfahren, wenn er mit Sicherheit annehmen konnte, daß er mit seinem Wagen ohne Gefährdung anderer noch vor dem Wagen des H. über die Kreuzung hinwegkommen werde. Diese Möglichkeit bestand nicht, wie der Erfolg zeigte. Er hatte damit gerechnet, daß H. sein Vorfahrtsrecht nicht ausüben, sondern ihn noch über die Kreuzung hinüberlassen werde. Zu einer solchen Annahme wäre er nur berechtigt gewesen, wenn H. ihm durch sein Verhalten begründeten Anlaß dazu gegeben hätte. Das war nicht der Fall gewesen. H. war mit großer Geschwindigkeit, ohne zu bremsen, in die Kreuzung hineingefahren. Auch wenn er übermäßig schnell fuhr, ging er dadurch seines Vor-

fahrtsrechtes nicht verlustig. M. mußte damit rechnen, daß seine Annahme, H. werde von seinem Vorfahrtsrecht keinen Gebrauch machen, möglicherweise falsch sei; er mußte, als er das Herannahen des vorfahrtsberechtigten H. bemerkte, bremsen und diesem die Vorfahrt gestatten. Seine Verurteilung wurde nur deshalb aufgehoben, weil er auch wegen berufsfahrlässiger Körperverletzung verurteilt worden war, ohne daß sich dem Urteil entnehmen ließ, daß außer der getöteten Frau noch eine weitere Person körperlich verletzt wurde. Wegen der Unteilbarkeit des Urteilsspruchs mußte die Verurteilung in vollem Umfang aufgehoben werden. Bei H. war zu prüfen, ob er mit übermäßiger Schnelligkeit in die Kreuzung hineinfuhr. Das war zwar belanglos für sein Vorfahrtsrecht, aber nicht für die Frage, ob er den Zusammenstoß nicht durch Außerachtlassen der Pflichten, die ihm als Berufsführer oblagen, mitverursacht hatte. Aus der Tatsache, daß ihm gegenüber M. das Vorfahrtsrecht zustand, ergab sich für ihn nicht ohne weiteres das Recht, die Kreuzung in beliebiger Geschwindigkeit zu überqueren; er hatte vielmehr seine Geschwindigkeit so einzurichten, daß er in der Lage war, Verpflichtungen, die sich für ihn unter den gegebenen Umständen aus der Annäherung an eine Straßenkreuzung ergaben, jederzeit zu erfüllen. Das traf besonders zu, wenn die Straßenkreuzung, der er sich näherte, für ihn nicht völlig, nach beiden Richtungen, übersichtlich war. Hierüber fehlten Feststellungen. Er mußte auch mit einem etwaigen verkehrswidrigen Verhalten des M. rechnen und hierauf sein Augenmerk richten. (II, 1. März 1937.)

Amtl. Sammlg. S. 80—85.

Vgl. Bd. 65 S. 125, 133; JW. 1936 S. 450.

35. **Vermieterpfandrecht. Betrug. Vermögensbeschädigung.** (StGB. § 263.) Beim Kauf eines Zigarrengeschäfts, das in einem Mietraum betrieben wurde, erklärte der Verkäufer auf Frage des Käufers, daß keine Rückstände an Mietzins vorhanden seien; der Käufer zahlte im Vertrauen hierauf den vollen Kaufpreis. Die Erklärung war bewußt unrichtig; es bestand ein erheblicher Rückstand und die Ladeneinrichtung haftete dafür als Pfand. Die Verurteilung wegen Betrugs wurde vom Reichsgericht bestätigt. Allerdings ging das Pfandrecht unter, wenn der Käufer in gutem Glauben war. Wer einen in einer Miet-

wohnung befindlichen Einrichtungsgegenstand erwirbt, muß aber im allgemeinen mit dem Bestehen eines Vermieterpfandrechts rechnen. Wenn der Käufer das nicht tat, konnte darin eine grobe Fahrlässigkeit gefunden werden, die den Wegfall des Pfandrechts ausschloß. Dann war der Wert des Kaufgegenstandes durch die Belastung entsprechend vermindert, auch wenn es zu einer Verwirklichung des Pfandrechts nicht kam; schon die Gefahr, die für den Käufer bestand, stellte eine Vermögensbeschädigung dar. Daß der Verkäufer sich nachträglich mit dem Vermieter einigte, änderte hieran nichts. (III, 1. März 1937.)

Amtl. Sammlg. S. 85—87.
Vgl. JW. 1907 S. 672.

36. Weinbezeichnung. (WeinG. §§ 5, 6.) Wein, der aus einem und demselben Faß stammte, wurde unter verschiedenen Bezeichnungen verkauft. Das Landgericht erklärte das für zulässig, da völlige Gleichheit nicht einmal zwischen Weinen aus demselben Weinberg bestehe, auch Wein, in verschiedene Fässer eingelegt, infolge seiner Eigenentwicklung nicht völlig gleich werde. Das Reichsgericht schränkte diese Auffassung erheblich ein. Das Weingesetz ist von dem Grundsatz der Wahrheit beherrscht. Dieser Grundsatz ist zugunsten der Winzer weniger bekannter Weinorte durchbrochen; sie dürfen ihrem Wein die Bezeichnung einer benachbarten oder nahegelegenen Gemarkung oder einer sog. Gattungslage geben. Unzulässig ist es aber, aus einer Einheit des umzubenennenden Weines eine ganze Anzahl verschieden bezeichneter Weine zu machen. Fraglich kann nur sein, auf welche Menge die Ersatzbezeichnung sich zu erstrecken hat, und ob ein Teil der in einer Hand vereinigten Weinmenge derselben Herkunft unter dem ursprünglichen Namen oder nach weiterer Umbenennung unter einem dritten Namen in den Handel gebracht werden darf. Die Frage kann nur von Fall zu Fall entschieden werden. Als allgemeine Regel hat zu gelten, daß die für den Handel bestimmte Bezeichnung die Weinmenge umfassen muß, die nach ihrem Entwicklungsgange zu einer Einheit geworden ist. Die Tatsache, daß sich derselbe Wein unter verschiedenen äußeren Umständen verschieden entwickeln kann, begründet es auch rechtlich, die einzelnen verschiedenen Entwicklungsergebnisse verschieden zu benennen. Soweit aber eine Weinmenge denselben Entwicklungsgang durchgemacht hat und als abgeschlossenes Ergebnis desselben Entwicklungsganges in den Handel gebracht werden soll, muß sie als Einheit erachtet und darf nur unter einer Bezeichnung in den Handel gebracht werden. Es kommt nicht wesentlich darauf an, ob die Menge sich in einem oder mehreren Gebinden befindet. Es ist rechtlich möglich, daß Wein derselben Herkunft, der in verschiedene Fässer eingelegt und darin zur Gärung gebracht worden ist, nach Abschluß der Gärung unter verschiedenen Namen in den Handel kommt; dagegen wäre es rechtlich nicht vertretbar, wenn Wein, der in einem Faß ausgegoren hat, sofort nach Abfüllung in kleinere Gebinde unter verschiedenen Namen in den Verkehr gebracht würde. Ganz unmöglich ist es nach dem Gesetz, daß Wein aus demselben Faß unter verschiedenen Namen feilgehalten wird. Für Wein aus demselben Faß darf es nur einen Namen geben; hier ist neben der gewählten Bezeichnung nicht einmal mehr die Benutzung der wahren Herkunftsbezeichnung gestattet. Eine mehrmalige aufeinanderfolgende Umbenennung einer ganzen Einheit kann nur in ganz beschränktem Umfang zugelassen werden; nur die Rückkehr zur Wahrheit, die Bezeichnung des Weines entsprechend seiner Herkunft, ist immer zulässig. Ausdrücklich betonte das Reichsgericht, daß sich diese Ausführungen nur auf die Benennung des Weines nach § 6 Abs. 2 S. 2 WeinG. beziehen und nur die Frage lösen sollen, wie zu verfahren ist, wenn nach dieser Bestimmung für einen Wein mehrere Namen zur Verfügung stehen. (I, 2. März 1937.) Amtl. Sammlg. S. 87—90.

37. **Untreue. Wahrnehmung fremder Vermögensinteressen.** (StGB. § 266.) Ein Möbelhändler verkaufte Möbel auf Abzahlung. Die Käuferin verpflichtete sich, monatlich 50 *RM* zu zahlen und zum voraus Wechsel, die der Verkäufer ausstellte, anzunehmen; er durfte die Wechsel weitergeben, hatte sie aber einzulösen, sobald die Käuferin den entsprechenden Teilbetrag von 50 *RM* gezahlt hatte. In einem Falle verwandte der Händler den Betrag von 50 *RM* nicht zur Einlösung des Wechsels, sondern verbrauchte ihn für sich. Das Landgericht verurteilte ihn wegen Untreue. Das Reichsgericht verwies die Sache zurück. Die neue Fassung des § 266 StGB. begründet die Gefahr, daß die Pflicht, Vertragsbindungen zu erfüllen, der Pflicht gleichgestellt wird, die Vermögensinteressen eines

anderen wahrzunehmen; die zweite Pflicht reicht aber weiter als die erste. So begründet z. B. die Miete einer Sache wohl die Pflicht, den Mietzins zu zahlen und nach Beendigung des Mietverhältnisses die Sache zurückzugeben, nicht aber die Pflicht, die Vermögensinteressen des Vermieters wahrzunehmen; eignet sich der Mieter die Mietsache an, so kann er nur wegen Unterschlagung, nicht aber wegen Untreue bestraft werden. Zum Tatbestand der Untreue gehört, daß die Verpflichtung, fremde Vermögensinteressen wahrzunehmen, den wesentlichen Inhalt des Rechtsgeschäfts bildet, durch das sie begründet wird. Das Landgericht hätte berücksichtigen müssen, daß der Angeklagte nicht nur der Käuferin gegenüber verpflichtet war, die Wechsel einzulösen, sondern daß er vor allem ihr Gläubiger war und daß der Gläubiger nur unter besonderen Umständen die Vermögensinteressen des Schuldners wahrzunehmen hat. Von Bedeutung war auch, ob eine Abrede für den Fall getroffen war, daß der Angeklagte der Einlösungspflicht nicht nachkam; wenn die Käuferin für diesen Fall von der Zahlung der nächsten Rate befreit war, wurde sie damit schadlos gestellt. Erst wenn die Einlösungspflicht im Rahmen des ganzen Vertrags gewürdigt wurde, ließ sich entscheiden, ob für den Angeklagten ein Treuverhältnis gegenüber der Käuferin bestand und ob er dieses verletzt hatte. Auch der innere Tatbestand bedurfte sorgfältiger Würdigung. Hier war von Bedeutung, daß die Käuferin zur Zeit der Tat noch einen größeren Betrag zu zahlen hatte; diese Tatsache konnte für den Vorsatz des Angeklagten ebenso von Bedeutung sein wie die Frage, ob die Käuferin den Anspruch, der ihr aus der Nichtzahlung des Wechsels zustand, gegen einen Teil der Kaufpreisrestforderung des Angeklagten aufrechnen durfte. (II, 4. März 1937.) Amtl. Sammlg. S. 90—92. Vgl. Bd. 21 S. 364; Bd. 38 S. 266; Bd. 61 S. 1, 6; Bd. 68 S. 371; Bd. 69 S. 15, 58, 146, 279; JW. 1935 S. 2637.

38. **Schlachtsteuerhinterziehung. Fortsetzungstat. Einziehung. Werteersatz.** (RAbgO. §§ 359, 365 n. F., 396 n. F., 401, 405; RSchlStG. Art. 1, 2; SächsSchlStG. § 13.) Ein Fleischer in Sachsen gab in der Zeit vom Januar 1930 bis August 1935 von Tieren, die er geschlachtet hatte, zu geringe Gewichte an und hinterzog auf diese Weise fort-

gesetzt Schlachtsteuer. Bis Ende April 1934 galten die sächsischen Schlachtsteuergesetze vom 24. Juli 1923 und 23. September 1931, von da an das Reichsschlachtsteuergesetz vom 24. März 1934. Nach den sächsischen Gesetzen fanden die Vorschriften der Reichsabgabenordnung über das Strafrecht und Strafverfahren sinngemäße Anwendung, soweit nicht einzelne Bestimmungen ausgenommen waren. Demgemäß galten sowohl die Begriffsbestimmung der Steuerhinterziehung als auch die Vorschrift, wonach neben der Geldstrafe auf Gefängnis bis zu zwei Jahren erkannt werden kann, wenn der Vorsatz der Hinterziehung festgestellt wird (RAbgO. § 359 a. F., § 396 n. F.). Nach den sächsischen Gesetzen konnte bei Verurteilung wegen Hinterziehung der Schlachtsteuer neben der Geld- oder Freiheitsstrafe auf Einziehung des Viehstücks erkannt werden. Die Strafbestimmungen waren also wesentlich gleich. Da von dem Aufkommen an Schlachtsteuern die Länder 96% erhalten, war das Land Sachsen nach wie vor durch die Hinterziehung geschädigt. Bei dieser Sachlage war die Annahme eines Fortsetzungszusammenhangs nicht zu beanstanden; der Wechsel der Gesetzgebung und kleine Verschiedenheiten in der Durchführung der Reichsschlachtsteuer gegenüber der Landesschlachtsteuer standen nicht entgegen. Da die Tat erst unter der Geltung des Reichsschlachtsteuergesetzes zum Abschluß gekommen war, war die Strafe aus diesem Gesetz zu entnehmen; der Angeklagte hätte also auch dann zu einer Freiheitsstrafe verurteilt werden können, wenn die sächsischen Gesetze eine solche nicht vorgesehen gehabt hätten. Auf Einziehung der Viehstücke oder Wertersatz hatte das Landgericht nicht erkannt. Nach den sächsischen Gesetzen war die Einziehung nicht zwingend vorgeschrieben. Es wäre unbillig und dem Sinne des Gesetzes zuwider, wenn der Richter nachträglich gezwungen würde, für Handlungen auf Einziehung und Wertersatz zu erkennen, für die seinerzeit der Gesetzgeber einen Zwang zur Einziehung abgelehnt hat. Dagegen war auf Einziehung der Viehstücke zu erkennen, hinsichtlich deren die Schlachtsteuer während der Herrschaft des Reichsschlachtsteuergesetzes hinterzogen worden war. Von einer Zurückverweisung der Sache wurde gleichwohl abgesehen, weil durch die erkannte Strafe offensichtlich die ganze Schuld des Angeklagten abgegolten sein sollte und die Geldstrafe gerade deshalb so hoch bemessen worden war, weil nicht daneben noch auf Einziehung und Wertersatz erkannt wurde. (IV, 9. März 1937.) Amtl. Samml. S. 92—95. Vgl. Bd. 56 S. 54.

39. **Volksschullehrer. Amtsunterschlagung. Untreue.** (StGB. §§ 73, 246, 266, 350.) Ein Volksschullehrer nahm von seinen Schülern Spargelder entgegen, um sie an die Kreiskasse einzuzahlen, verwandte sie aber für sich. Seine Verurteilung wegen Amtsunterschlagung und Untreue wurde bestätigt. Durch die Annahme der Gelder war für den Angeklagten kraft eines Treuverhältnisses die Pflicht begründet worden, die Vermögensinteressen der Kinder wahrzunehmen; diese Pflicht verletzte er in der Absicht, sich einen Vermögensvorteil zu verschaffen, und fügte seinen Auftraggebern vorsätzlich Schaden zu. Der Angeklagte hatte die ihm übergebenen Gelder nicht gesondert aufbewahrt, sondern mit seinem eigenen Geld vermischt und dann ausgegeben. Durch Vermischung fremden Geldes mit dem eigenen wird nur dann Unterschlagung begangen, wenn der Vermischende schon bei der Vornahme der Vermischung das Bewußtsein hat, daß er durch sie in einer Weise, die den Zueignungsbegriff erfüllt, verletzend in die Eigentumsrechte eines anderen eingreift, und wenn er damit eine Absicht verfolgt, sich die fremden Gelder durch Vermischung rechtswidrig zuzueignen. Dieses Merkmal war gegeben, da sich der Angeklagte in sehr ungünstigen Vermögensverhältnissen befand und wußte, daß er das fremde Geld durch die Vermischung mit seinem eigenen dem Zugriff seiner Gläubiger aussetzte und bei seinen Ausgaben mitverbrauchte. Bei der Schulsparkasse, deren Leiter der Angeklagte war, handelte es sich um eine Einrichtung, deren Gründung und Benutzung die für Schulfragen zuständige staatliche Behörde aus erzieherischen Gründen empfohlen hatte. Die Beteiligung der Lehrer entsprach den Wünschen der zuständigen staatlichen Behörde und einer ständigen Übung der Schule, an der der Angeklagte als Lehrer angestellt war. Eine solche dem Gemeinwohl dienende Tätigkeit fiel in den Kreis der Pflichten, die dem Angeklagten als Lehrer oblagen; zwischen seinen dienstlichen Obliegenheiten und der Annahme der Spargelder bestand ein unmittelbarer Zusammenhang. Ob der Angeklagte zur Übernahme der Schulsparkasse amtlich ver-

pflichtet war oder ob er sie freiwillig übernommen hatte, war von keiner rechtlichen Bedeutung. Ebenso kam es nicht darauf an, ob diese besondere Tätigkeit von der amtlichen Zuständigkeit des Angeklagten umfaßt wurde; der Begriff der amtlichen Eigenschaft geht über den der amtlichen Zuständigkeit hinaus. Allein entscheidend war, ob ein amtliches Handeln bei der Empfangnahme der Gelder selbst vorlag. Das traf zu. Der Angeklagte hatte die Spargelder im Einverständnis mit der Schulbehörde innerhalb des Schulbetriebs von seinen Schülern entgegengenommen; sie wurden ihm in Rücksicht auf seine amtliche Eigenschaft gegeben und von ihm in diesem Sinne angenommen. (II, 11. März 1937.) Amtl. Sammlg. S. 95—98.

Vgl. Bd. 50 S. 250; JW. 1926 S. 820.

40. Betrug. Anstiftung. Verjährung. Unterbrechung. (StGB. §§ 48, 68, 263; RVO. § 23; StPO. § 191.) Ein Angestellter der Reichsbahn (N.) legte dem Leiter einer Reichsbahnbetriebskrankenkasse (D.) eine Rechnung über ärztliche Behandlung seiner Tochter vor. D. bemerkte auf der Rückseite, das Mädchen sei bei einem Heim der Betriebskrankenkasse angestellt, sei bei der zuständigen Ortskrankenkasse noch nicht versichert und es empfehle sich, die Kosten auf die Betriebskrankenkasse zu übernehmen; er wies demgemäß den entsprechenden Betrag an. In Wirklichkeit bezog sich die Rechnung nicht auf die bei der Betriebskrankenkasse angestellte Tochter des N., sondern auf ihre Schwester, die in keiner Beziehung zur Betriebskrankenkasse stand. Das Landgericht verurteilte D. wegen eines Vergehens gegen § 23 Abs. 2 RVO., N. wegen Anstiftung dazu. Das Reichsgericht verwies die Sache zurück. Anstifter ist, wer in einem anderen dadurch, daß er auf dessen Willen mit Beweggründen einwirkt, den Entschluß zu einer Straftat mit allen ihren Tatbestandsmerkmalen, insbesondere auch nach der ganzen inneren Tatseite, hervorruft. Als Mittel der Anstiftung nennt das Gesetz auch die Erregung eines Irrtums. Bedient sich der Anstifter dieses Mittels, so kann es sich immer nur um das fälschliche Hervorrufen eines tatsächlich nicht gerechtfertigten Beweggrundes handeln, aus dem der Anzustiftende handeln soll, nicht aber um eine Täuschung über ein gesetzliches Merkmal der Tat selbst, da ja ein solcher Irrtum den Vorsatz des Anzustiftenden ausschließen würde. Die

falschen Angaben waren hier aber solche, die, wenn sie richtig waren, dem Vorstand der Betriebskrankenkasse Anlaß geben konnten, im Wege des zulässigen Verwaltungsermessens dem N. die Kosten für die Behandlung seiner Tochter zu erstatten, womit das Merkmal der Vermögensschädigung entfallen würde. Damit würde ohne weiteres mangels einer Haupttat auch der Tatbestand einer Anstiftung entfallen. Wenn die Sache so lag, konnte sich das Handeln des N. als ein durch Täuschung des D. zum Nachteil der Betriebskrankenkasse verübter Betrug darstellen. War es aber so gewesen, daß N. den D. täuschen wollte, dieser aber die Unwahrheit der Angaben erkannte, ohne das dem N. kund zu tun, und gleichwohl die Kosten aus der Kasse anwies, so würde sich D. eines Vergehens gegen § 23 RVO., N. aber eines nur versuchten Betrugs gegenüber D. zum Nachteil der Kasse schuldig gemacht haben. Nach diesen Gesichtspunkten war der Sachverhalt neu zu prüfen. Während der Voruntersuchung ergab sich, daß N. schon früher in gleicher Weise gegen die Betriebskrankenkasse vorgegangen war. Der Untersuchungsrichter vernahm ihn darüber ohne Antrag der Staatsanwaltschaft; die Fälle wurden aber in den Antrag auf Eröffnung des Hauptverfahrens nicht einbezogen. Das konnte der Vernehmung ihre Eigenschaft als richterliche Untersuchungshandlung nicht nehmen. Demzufolge wurde durch die Vernehmung die Verjährung unterbrochen. (IV, 18. Dezember 1936.) Amtl. Sammlg. S. 98—100.
Vgl. Bd. 68 S. 375.

41. **Betrug. Urkundenfälschung. Sparkassenbuch. Öffentliche Urkunde. Tateinheit. Milderes Gesetz. Mindeststrafe.** (StGB. §§ 73, 263, 268; ZPO. § 415.) Der Inhaber eines Sparbuchs einer preußischen Kreissparkasse nahm darin eigenmächtig Gutschriften vor und benutzte das Sparbuch, um sich als Besitzer eines großen Vermögens aufzuspielen und auf diese Weise betrügerische Ziele zu verfolgen. Er werde wegen schwerer Privaturkundenfälschung in Tateinheit mit Betrug verurteilt. Das Reichsgericht verwies die Sache zurück. Das Landgericht hatte das Sparbuch nicht als öffentliche Urkunde angesehen, obwohl die Kreissparkasse sich auf dem Umschlag des Buches als öffentlichrechtliche Anstalt bezeichnete. Es hatte ausgeführt, die Aufbewahrung und Verwaltung ersparter Gelder sei an sich

nicht ohne weiteres als eine Betätigung öffentlicher Körperschaften oder Anstalten als solcher anzusehen, sondern als ein den Regeln des bürgerlichen Rechts unterstehendes Geschäft, auch wenn der Einrichtung durch hoheitliche Verfügung der öffentlichen Hand die Mündelsicherheit zuerkannt worden sei; mit Rücksicht auf den besonderen strafrechtlichen Schutz der öffentlichen Urkunden sei es auch angezeigt, nicht jede Urkunde als öffentliche zu betrachten, die eine öffentliche Stelle ordnungsgemäß ausgestellt habe, sondern hiezu sei auch noch die weitere Eigenschaft der Urkunde zu fordern, daß sie selbst auch dazu bestimmt sei, als öffentliches Dokument im öffentlichen Leben zu wirken, insbesondere kraft des Ansehens ihrer öffentlichen Errichtungsstelle für und gegen jedermann und jede andere Stelle den sicheren Beweis dessen zu erbringen, was sie bezeuge. Diese Ausführungen erklärte das Reichsgericht für bedenklich. Ob eine öffentliche Urkunde vorliegt, bestimmt sich nach dem in § 415 ZPO. ausgesprochenen Grundsatz, der auch für das Strafrecht gilt. Hienach sind öffentlich die Urkunden, die eine öffentliche Behörde innerhalb der Grenzen ihrer Amtsbefugnisse in der vorgeschriebenen Form aufnimmt. Die preußischen Kreissparkassen sind öffentliche Behörden; es obliegt ihnen, unter der Hoheit des Kommunalverbandes, der Träger der Sparkasse ist, nach eigener Entschließung im Rahmen der hiefür geltenden öffentlich-rechtlichen Vorschriften für eine staatliche Aufgabe tätig zu sein; denn es ist Aufgabe des Staates, das Sparkassenwesen als eine dem Wohle des Volkes dienliche Einrichtung zu fördern. Damit sind alle rechtlich notwendigen Merkmale einer öffentlichen Behörde dargetan. Demzufolge handelt es sich bei den Sparkassenbüchern solcher Sparkassen um Urkunden, die von einer Behörde im Rahmen ihrer Amtsbefugnisse ausgestellt sind. Das wird nicht dadurch in Frage gestellt, daß das darin verbriefte Rechtsverhältnis bürgerlich-rechtlicher Art ist. Die Verleihung der Mündelsicherheit ist belanglos. Die Sparkassenbücher dienen auch ihrer ganzen Art nach nicht dem inneren Dienst der Sparkasse und dadurch dieser selbst; sie sind vielmehr mit der Aushändigung an die Kunden erkennbar für den Verkehr der Sparkasse nach außen bestimmt. Das Urteil wurde aufgehoben, obwohl nur der Angeklagte Revision eingelegt hatte, und obwohl das Landgericht mit näherer Begründung dargelegt hatte, daß es auch im Falle der Beurteilung des Sparbuches als öffentlicher Urkunde keine schwerere Strafe ausgesprochen haben würde. Eine solche Ausführung erklärte das Reichsgericht für unzulässig, weil die Strafe dem tatsächlich und rechtlich eindeutig festzustellenden Verhalten des Angeklagten entsprechen muß, also nicht zugleich hilfsweise auch für den Fall einer anderen Beurteilung seiner Tat ausgesprochen werden kann. Umstände, die eine Wahlfeststellung gerechtfertigt hätten, lagen nicht vor. Die Strafe hatte das Landgericht dem § 268 StGB. entnommen. Sie hätte dem § 263 entnommen werden müssen, der für besonders schwere Fälle Zuchthaus bis zu 10 Jahren androht, also das schwerere Strafgesetz darstellt. Bei der Bemessung der Strafe war zu berücksichtigen, daß § 268 StGB., obwohl er gegenüber § 263 StGB. das mildere Gesetz ist, für die Regel Zuchthausstrafe androht. Da der Richter, wenn er sein pflichtmäßiges Ermessen ausübt, nicht ohne zwingenden Grund unter das Mindestmaß der milderen Strafvorschrift heruntergehen wird, war in Erwägung zu ziehen, ob nicht im Falle des Zusammentreffens von Betrug mit schwerer Urkundenfälschung immer ein besonders schwerer Fall des Betrugs anzunehmen ist, jedenfalls dann, wenn nicht für die Urkundenfälschung mildernde Umstände zu bejahen sind. Im Fall einer Verurteilung wegen öffentlicher Urkundenfälschung stellte § 268 gegenüber § 263 das schwerere Strafgesetz dar. (II, 11. März 1937.)

Amtl. Sammlg. S. 101—106.

Vgl. Bd. 10 S. 192; Bd. 18 S. 249; Bd. 37 S. 318; Bd. 42 S. 233; Bd. 54 S. 150; Bd. 61 S. 126; Bd. 69 S. 333; Bd. 70 S. 53, 326, 403; JW. 1936 S. 2235, 2236.

42. **Amtsunterschlagung. Untreue. Empfänger in amtlicher Eigenschaft. Urkundenunterdrückung. Register.** (StGB. §§ 266, 348, 349, 350, 351.) Ein Angestellter einer Bürgermeisterei im Rheinland wohnte nicht am Sitze des Bürgermeisteramts, sondern in einem anderen Orte des Bezirks. Mehrere Einwohner seines Wohnorts gaben ihm ihre Invalidenkarten und Geldbeträge mit dem Auftrag, die fehlenden Marken zu erwerben, einzukleben und zu entwerten und alsdann die Karten erneuern zu lassen. Er verwandte das Geld für sich und unterdrückte die Karten. Das Landgericht verurteilte ihn wegen Amts-

unterschlagung und Urkundenunterdrückung. Das Reichsgericht verwies die Sache zurück. Für die Verurteilung wegen Amtsunterschlagung fehlte es an einem ausreichenden Nachweis, daß der Angeklagte die unterschlagenen Gelder in amtlicher Eigenschaft empfangen hatte. Die Versicherungsmarken zu erwerben, einzukleben und zu entwerten war nicht amtliche Obliegenheit der Bürgermeisterei. Ein Empfangen in amtlicher Eigenschaft ist allerdings schon dann anzunehmen, wenn der das Geld Hingebende der Meinung gewesen ist, der Beamte sei berechtigt, das Geld für die Behörde in Empfang zu nehmen, und der Beamte das erkannt, das Geld aber gleichwohl angenommen hat. Aber auch nach dieser Richtung fehlte eine eindeutige Feststellung. Die Annahme der Geldgeber, der Angeklagte bearbeite bei der Bürgermeisterei die Versicherungssachen, schloß nicht notwendig die Annahme ein, zu dem Geschäftskreis des Angeklagten gehöre auch die Beschaffung und Verwendung der Versicherungsmarken; es blieb vielmehr die Möglichkeit offen, daß dem Angeklagten das Geld aus persönlichem Vertrauen übergeben wurde in der Erwartung, daß er die Aufträge gewissenhaft ausführen werde. Der Tatbestand der fortgesetzten schweren Urkundenunterdrückung war an sich bedenkenfrei nachgewiesen. Gleichwohl wurde das angefochtene Urteil auch insoweit aufgehoben, um dem Landgericht für den Fall einer wiederholten Verurteilung wegen Amtsunterschlagung die Prüfung zu ermöglichen, ob der Angeklagte in den Quittungskarten zur Kontrolle der Einnahme bestimmte Register unterdrückt hatte und ob er sich nicht auch einer Untreue schuldig gemacht hatte. (III, 11. März 1937.)

Amtl. Sammlg. S. 106—108.

Vgl. Bd. 51 S. 113; Bd. 65 S. 102; Bd. 69 S. 333; JW. 1937 S. 169.

43. **Unzucht unter Ehegatten. Nötigung.** (StGB. §§ 176, 240.) Während eines Ehescheidungsverfahrens erzwang der Ehemann wiederholt von seiner Ehefrau die Duldung des Geschlechtsverkehrs, mißhandelte sie auch öfter. Das Landgericht verurteilte ihn wegen fortgesetzten Verbrechens wider die Sittlichkeit in Tateinheit mit Körperverletzung. Das Reichsgericht verwies die Sache zurück. Zum äußeren Tatbestand einer unzüchtigen Handlung gehört ein Tun, das nach gesunder Volksanschauung das

Scham- und Sittlichkeitsgefühl in geschlechtlicher Beziehung verletzt und damit gegen die Gebote sittlicher Zucht verstößt. Das ist für den geschlechtlichen Verkehr zwischen Ehegatten in der Regel auch dann nicht der Fall, wenn die Ehefrau berechtigt gewesen wäre, den geschlechtlichen Verkehr zu verweigern. Eine an sich zulässige Handlung wird nicht dadurch zu einer unzüchtigen, daß sie mit Gewalt vorgenommen wird; das geht schon aus der Nebeneinanderstellung der Begriffe Gewalt und unzüchtiger Handlung im § 176 StGB. hervor. Maßgebend ist Folgendes: Einerseits müssen die innigsten Bande der Familie und Ehe, die die Grundlage der Volksgemeinschaft bilden, von allen störenden Eingriffen von außen und demnach auch von einer strafrechtlichen Erörterung der geschlechtlichen Seite der Ehe soweit wie nur möglich ferngehalten werden. Anderseits kommt es darauf an, das Denken, Fühlen und Handeln des deutschen Volkes auf dem Gebiete der geschlechtlichen Sittlichkeit gesund zu erhalten und insoweit im Kampfe gegen geschlechtliche Entartung auch die Mittel des Strafrechts einzusetzen. Die Rechtsprechung ist berufen, unter Berücksichtigung dieser Grundsätze im Einklang mit dem gesunden Volksempfinden die richtige Abgrenzung zu finden. Die Anschauung des Volkes wehrt sich mit Entschiedenheit gegen die Auffassung, daß der Ehemann in geschlechtlicher Hinsicht mit seiner Frau nach Willkür verfahren und sich mit Gewalt den Beischlaf mit ihr verschaffen darf. Sie empfindet aber einen Beischlaf unter Ehegatten, auch wenn er erzwungen wird, nicht als Unzucht, sondern als strafbare Beeinflussung des Willens der Ehefrau; eine Handlung, die als Nötigung bestraft werden kann. Dafür spricht auch, daß das Strafrecht nur den Mißbrauch einer willenlosen Frau und die Nötigung zum Dulden des außerehelichen Beischlafs als Unzucht bestraft; ein Beischlaf unter Ehegatten bleibt aber, solange die Ehe besteht, immer ehelich. Eine Handlung, die der Ehemann an seiner Ehefrau verübt, kann aber als Verbrechen wider die Sittlichkeit strafbar sein, wenn sie über den Beischlaf hinausgeht und nach der gesunden Volksanschauung das Scham- und Sittlichkeitsgefühl verletzt. Solche Handlungen lagen nach den Feststellungen des Urteils nicht vor. (II, 15. März 1937.)

Amtl. Sammlg. S. 109--111.

44. **Wiederholte Verführung.** (StGB. §§ 175 a, 182.) Unter Verführung im Sinne des § 175 a StGB. ist die Einwirkung eines Volljährigen auf den Willen eines Minderjährigen zu verstehen, die dahin gerichtet ist, diesen zu der Unzucht, die er nicht will, geneigt zu machen, und zwar unter Ausnutzung der geschlechtlichen Unerfahrenheit oder geringeren Widerstandsfähigkeit des Minderjährigen. Hienach ist die Frage, ob ein Minderjähriger mehrmals zur Unzucht verführt werden kann, zu bejahen. Für den Fall des § 182 StGB. ist die Frage allerdings verneint worden, aber nur deshalb, weil ein einmal verführtes Mädchen regelmäßig nicht mehr als unbescholten angesehen wird. Bei § 175 a StGB. ist Unbescholtenheit nicht verlangt. Tatsächlich wird allerdings wiederholte Verführung oft zu verneinen sein, weil es sich nicht mehr um einen geschlechtlich Unerfahrenen handelt oder weil der Verführte von sich aus zur Unzucht bereit ist. (V, 15. März 1937.) Amtl. Sammlg. S. 111.

Vgl. Bd. 35 S. 45; Bd. 41 S. 166; Bd. 70 S. 199.

45. **Gesellschaft mit beschränkter Haftung. Geschäftsführer. Konkurs.** (StGB. § 2; KO. § 240; GmbHG. § 83.) Nach dem Tode des Geschäftsführers einer GmbH. wurde dessen Witwe als Geschäftsführerin eingetragen; sie hatte aber keine kaufmännischen Kenntnisse und überließ die Geschäftsführung vollkommen den beiden Prokuristen. Diese führten die Geschäftsbücher unordentlich, teilweise sogar falsch. Die Gesellschaft fiel in Konkurs. Die Verurteilung der Prokuristen wegen Konkursvergehen wurde vom Reichsgericht gebilligt; es entspricht dem Grundgedanken des Gesetzes, daß in einem Falle wie dem vorliegenden die tatsächlichen Leiter der Gesellschaft, die deren Geschicke allein bestimmt haben, zur Verantwortung gezogen werden. Die Anwendung des § 2 StGB. würde sich nur dann verbieten, wenn der Gesetzgeber die strafrechtliche Verantwortlichkeit bewußt auf den eingetragenen Geschäftsführer beschränkt hätte. Es ist aber im Gegenteil anzunehmen, daß er an einen Fall der vorliegenden Art nicht gedacht hat. (V, 15. März 1937.) Amtl. Sammlg. S. 112—114.

Vgl. Bd. 16 S. 269, 277; Bd. 25 S. 42; Bd. 64 S. 81; Bd. 65 S. 415.

46. **Parteiverrat. Beihilfe. Notwendige Teilnahme.** (StGB. §§ 49, 356.) B., F. und G., die sämtlich Ange-

stellte einer Gesellschaft waren, fühlten sich durch ein von S. verfaßtes Buch beleidigt. F. erstattete Anzeige und erwirkte die Beschlagnahme des Buches. G. wollte sich durch den Rechtsanwalt R. vertreten lassen. Dieser hatte schon die Vertretung des S. übernommen und legte für diesen gegen den Beschlagnahmebeschluß Beschwerde ein; er erklärte sich aber bereit, gegen eine Vergütung von 5000 RM die Vertretung des S. niederzulegen. G. teilte das B. mit; dieser fand die Vergütung zu hoch. Es kam eine Einigung auf 3000 RM zustande, derzufolge R. die Vertretung des S. niederlegte und die Vertretung des G. übernahm. F. sandte daraufhin 1000 RM an R. Dieser erhob für G. Privatklage gegen S. Gegen R. wurde ein Verfahren wegen Parteiverrat eingeleitet; es konnte nicht durchgeführt werden, da er sich ins Ausland begab. B. und F. wurden wegen Beihilfe zum Parteiverrat verurteilt. Das Reichsgericht verwies die Sache zurück. Zum Tatbestand des Parteiverrats gehört, daß eine zweite Partei vorhanden ist, der der Rechtsanwalt der ersten Partei seine Dienste leistet. Nicht erforderlich ist, daß der Rechtsanwalt von beiden Parteien einen Auftrag angenommen hat; es genügt, daß er sich für den Gegner seines Auftraggebers als Geschäftsführer ohne Auftrag einsetzt. Der Tatbestand kann auch erfüllt sein, wenn zwischen mehreren Personen mit widerstreitenden Belangen noch gar kein Streitpunkt hervorgetreten ist, ja sogar, wenn sie einander nicht kennen und von dem Widerstreit ihrer Belange nichts wissen. § 356 StGB. bedroht nur den Rechtsanwalt mit Strafe, nicht die Partei, der er pflichtwidrig Beistand leistet. Ob diese Partei wegen Teilnahme strafbar ist, wenn der Rechtsanwalt mit ihrem Einverständnis handelt, ließ das Reichsgericht dahingestellt; jedenfalls ist sie nicht strafbar, wenn sie weiter nichts tut, als daß sie die verräterischen Dienste annimmt. Es liegt insoweit eine notwendige Teilnahme vor, die nicht strafbar macht. Dagegen ist die Partei wegen Anstiftung oder Beihilfe strafbar, wenn sie durch Zahlung einer Vergütung, die nicht den gesetzlichen oder üblichen Sätzen entspricht, oder auf andere Weise über die Grenzen der notwendigen Teilnahme hinausgeht. Partei war im vorliegenden Falle zunächst G.; es wäre aber zu prüfen gewesen, ob nicht auch B. und F. als Parteien zu erachten waren. Der Begriff

Partei ist durch die gegensätzliche rechtliche Beteiligung mehrerer Personen an derselben Rechtssache, nicht aber durch das Verhältnis der Beteiligten zu dem Rechtsanwalt bestimmt, der den Parteiverrat begeht; es war also nicht die Auftragserteilung das Entscheidende. G. sollte mit seiner Privatklage auch die Belange des B. und F. wahrnehmen; demzufolge konnte in der Übernahme der Vertretung des G. auch ein Dienst des R. für B. und F. gelegen sein. War das aber der Fall, so war zu untersuchen, ob nicht die beiden Angeklagten dadurch, daß sie bei der Übertragung des Auftrags an R. mitwirkten, sich eine Vertretung ihrer Interessen durch R. sichern wollten, und ob sie durch das Verhalten, das sie dabei zeigten, die Grenzen der notwendigen Teilnahme überschritten. Hinsichtlich der Vergütungsfrage war zu prüfen, ob durch die 3000 *RM* nicht nur die Dienste für G., sondern auch jene für B. und F. abgegolten sein sollten. (II, 22. Februar 1937.)

Amtl. Sammlg. S. 114—118.

Vgl. Bd. 23 S. 242; Bd. 25 S. 369; Bd. 61 S. 314; Bd. 62 S. 289; Bd. 65 S. 416; Bd. 66 S. 316.

47. **Beihilfe zum Meineid. Aberkennung der Eidesfähigkeit.** (StGB. §§ 44, 45, 49, 153, 158, 161.) Eine Frau wurde wegen Meineid verurteilt; die Strafe wurde ermäßigt, weil sie ihre Aussage widerrufen hatte. Demzufolge wurde gegen sie auch nicht auf Aberkennung der Eidesfähigkeit erkannt, wohl aber wurde diese Nebenstrafe gegen einen Gehilfen ausgesprochen. Das Reichsgericht hob die Nebenstrafe auf. Ihre Verhängung war nicht schon deshalb unzulässig, weil sie gegenüber der Haupttäterin nicht ausgesprochen werden durfte; sie ist aber nach der deutlichen Fassung des Gesetzes nur bei Verurteilung wegen Meineid vorgesehen. Die Beihilfe bedeutet keine volle Verwirklichung des Meineidtatbestandes. Die Strafe des Gehilfen ist nach den Grundsätzen zu ermäßigen, die das Gesetz für die Bestrafung des Versuchs aufstellt; bei Festsetzung der Versuchsstrafe darf aber der Richter der Strafdrohung, die für die vollendete Tat gegeben ist, keine anderen Nebenstrafen entnehmen als Ehrverlust und Polizeiaufsicht. (II, 4. März 1937.)

Amtl. Sammlg. S. 118—119.

Vgl. Bd. 13 S. 76; Bd. 69 S. 29.

48. Schwere Körperverletzung. Verlust des Sehvermögens. (StGB. § 224.) Durch eine Körperverletzung wurde die Sehschärfe des rechten Auges auf 1/50 herabgesetzt. Das Landgericht stellte das dem Verlust des Sehvermögens gleich. Das Reichsgericht billigte diese Auffassung. Die Sehkraft des verletzten Auges konnte allerdings durch eine Brille bis 1/4 erhöht werden, doch war der Gebrauch einer solchen nicht möglich, da sie zusammen mit dem gesund gebliebenen linken Auge verzerrte Bilder ergab. Die Grenze zwischen der bloßen Verminderung und dem vollen Verlust des Sehvermögens zu ziehen, liegt wesentlich auf tatsächlichem Gebiet. (III, 15. März 1937.)

Amtl. Sammlg. S. 119—120.

Vgl. Bd. 63 S. 423.

49. Vorfahrtsrecht. Ausfahrt aus Grundstücken. (Str.-VerkO. § 27.) Ausfahrten aus Grundstücken sind nicht als Wegeeinmündungen im Sinne der Straßenverkehrsordnung anzusehen. Dem, der aus einer Ausfahrt kommt, steht also kein Vorfahrtsrecht zu. Die Regelung des Vorfahrtsrechts hat vor allem den fließenden Verkehr im Auge; beim Ausfahren aus einem Grundstück handelt es sich aber um das Einschalten eines neuen Teilnehmers in diesen Verkehr. Ein neuer Teilnehmer hat sich vorsichtig in den bestehenden Verkehr einzureihen; auf ein Vorfahrtsrecht hat er keinen Anspruch. (II, 18. März 1937.)

Amtl. Sammlg. S. 120—122.

Vgl. JW. 1930 S. 2868.

50. Widerstand gegen die Staatsgewalt. Zuständigkeit. Landesgrenzen. (StGB. § 113; RG. vom 30. Januar 1934.) Ein Polizeiwachtmeister des Landes Anhalt kam in Uniform, aber ohne dienstlichen Anlaß in eine preußische Gemeinde. Dort schritt er gegen Gewalttätigkeiten ein, die sich gegen einen seiner Begleiter richteten. Der Widerstand, der ihm hierbei geleistet wurde, war strafbar. Durch das Gesetz über den Neuaufbau des Reiches sind die Hoheitsrechte der Länder auf das Reich übergegangen. Die Polizei ist damit eine Angelegenheit des Reichs geworden. Die Landesbehörden sind beauftragt worden, die auf das Reich übergegangenen Hoheitsrechte wahrzunehmen; sie handeln hierbei als Beauftragte des Reichs. Es stände im Widerspruch zu der heutigen Auffassung von dem Zusammenwirken aller Kräfte, die für das Wohl von Volk und Staat eingesetzt sind, wenn ein Polizeibeamter, der in Uniform außerhalb seiner Landesgrenze Zeuge einer strafbaren Handlung wird, nicht sofort pflichtgemäß einschritte. Das erfordert das Ansehen der Polizei; es liegt im Bereich ihrer Aufgaben, das Wohl der Gesamtheit auf dem Sachgebiete, das ihr zugewiesen ist, zu fördern. (II, 18. März 1937.) Amtl. Sammlg. S. 122—124.

Vgl. Bd. 60 S. 337; Bd. 64 S. 74.

51. **Fahrlässige Tötung. Übermüdung eines Kraftfahrers. Überwachungspflicht.** (StGB. § 222.) Der Gastwirt W. gab dem in seinem Dienst stehenden Schenkkellner M. den Auftrag zu einer Kraftwagenfahrt auf der Reichsautobahn. M. schlief während der Fahrt ein; der steuerlose Wagen geriet an den Rand der Straße und warf einen dort gehenden Mann zu Boden. Dieser starb infolge der Verletzung. M. und W. wurden wegen fahrlässiger Tötung verurteilt. Das Reichsgericht sprach W. frei. Das Landgericht hatte angenommen, W. habe bei der Sorgfalt, die ihm möglich und auch zuzumuten gewesen wäre, erkennen können und müssen, daß M. stark übermüdet sei, und habe ihm die Lenkung des Kraftwagens um so weniger übertragen dürfen, als der Tag sehr heiß war und Fahrten auf der Reichsautobahn erfahrungsgemäß ermüden. M. hatte erklärt, daß er sich beim Antritt der Fahrt nicht übermüdet fühlte. Er hatte allerdings in der vorangegangenen Nacht nur von 2—5 Uhr geschlafen und von da an bis mittags 1 Uhr gearbeitet; um 1¾ Uhr hatte die Fahrt begonnen. Er hatte aber in der weiter vorangegangenen Nacht über 7 Stunden geruht und während des Tages keine übermäßig anstrengende Arbeit zu leisten gehabt. Nach allgemeiner Lebenserfahrung bedeutete es eine Überspannung der Sorgfaltspflicht des Dienstherrn, wenn das Landgericht annahm, W. habe mit einer Übermüdung des M. rechnen müssen. Schon die Tatsache, daß W. seine Frau und seinen sechsjährigen Neffen mitfahren ließ, wies darauf hin, daß er angesichts des Verhaltens des M. bis zu seiner Beauftragung und angesichts des Eindrucks, den er bis dahin von dem körperlichen Zustand des M. gewonnen hatte, gar nicht auf den Gedanken gekommen war, daß die einmalige, wenn auch starke Verkürzung der Nachtruhe diesen unfähig machen könne, den Wagen auf der kurzen Fahrt (26 Kilometer) verkehrssicher zu lenken. Daß der

Tag heiß war und daß das Fahren auf der Reichsautobahn ermüdet, gab keinen Anlaß, die Sorgfaltspflicht, die W. oblag, grundsätzlich anders zu beurteilen. Das Landgericht hatte keine Umstände festgestellt, aus denen sich für W. nach der allgemeinen Lebenserfahrung die Wahrscheinlichkeit hätte ergeben müssen, M. werde auf der kurzen Fahrt den Einwirkungen der Hitze und der Reichsautobahn in einem Maße unterworfen sein, daß für ihn die Gefahr des Einschlafens entstand und es ihm unmöglich war, sie zu überwinden. (I, 19. März 1937.)

Amtl. Sammlg. S. 124--128.
Vgl. JW. 1935 S. 2962.

52. **Blutschutz. Gesetzeseinheit.** (StGB. § 176; BlutSchG. §§ 2, 5.) Ein Jude nahm mit einem 11jährigen deutschblütigen Mädchen unzüchtige Handlungen vor. Das Landgericht verurteilte ihn wegen Verbrechen wider die Sittlichkeit nach § 176 Nr. 3 StGB., hielt aber die Strafvorschrift des § 5 BlutSchG. für unanwendbar, da in den Handlungen des Angeklagten kein Geschlechtsverkehr zu erblicken sei. Das Reichsgericht verwies die Sache zurück. Der Begriff Geschlechtsverkehr ist nicht auf den Beischlaf beschränkt, umfaßt vielmehr alle geschlechtlichen Betätigungen mit einem Angehörigen des anderen Geschlechts, die nach der Art ihrer Vornahme bestimmt sind, an Stelle des Beischlafs der Befriedigung des Geschlechtstriebs mindestens des einen Teils zu dienen. Hätte der Angeklagte die Handlungen mit einer erwachsenen Frauensperson deutschen Blutes vorgenommen, so wäre kein Zweifel möglich gewesen, daß es sich dabei um einen Geschlechtsverkehr im Sinne des Blutschutzgesetzes handelte. Die Tatsache, daß das Mädchen noch nicht geschlechtsreif war, konnte aber hieran nichts ändern. Bei dem Verbot des § 2 BlutSchG. mag allerdings in erster Reihe an den Verkehr zwischen geschlechtsreifen Personen gedacht gewesen sein. Das Reichsgericht hat aber schon früher entschieden, daß es nach dem Zweck des Gesetzes ohne Belang ist, ob im einzelnen Falle nach der Persönlichkeit der Beteiligten die Erzielung von Nachkommenschaft aus dem verbotenen Geschlechtsverkehr möglich war. Der Angeklagte wäre hiernach zu strafen gewesen, wenn er mit dem Mädchen den Beischlaf vollzogen hätte. Grundsätzlich kann die Vornahme von Beischlafersatzhandlungen nicht anders beurteilt wer-

den. Daraus, daß das Blutschutzgesetz den Verkehr zwischen zwei Personen verschiedenen Geschlechts verbietet, ist allerdings zu folgern, daß es sich nicht um rein einseitige Verfehlungen geschlechtlicher Natur handeln darf; der andere Teil muß wenigstens duldend mitwirken. Nicht notwendig ist, daß der andere Teil erkannt haben muß, um was es sich handelt. Das Landgericht hatte angenommen, es bestehe kein Bedürfnis dafür, eine Tat gleichzeitig als Unzuchtsverbrechen und als Verbrechen gegen das Blutschutzgesetz zu strafen. Damit war verkannt, daß das Blutschutzgesetz dem Schutze der Rassenreinheit und Rassenehre des deutschen Volkes liegt, während die Vorschriften des § 176 StGB. vor allem die Aufgabe haben, die dort genannten Personen in ihrer Geschlechtsehre zu schützen. Eine Gesetzeseinheit liegt also nicht vor. Vielmehr ist Tateinheit gegeben; Strafe ist dem Blutschutzgesetz als dem strengeren Gesetz zu entnehmen. (I, 9. Februar 1937.)

Amtl. Sammlg. S. 129—133.

Vgl. Bd. 70 S. 375.

53. **Notwehr.** (StGB. § 53.) A. traf in einer Wirtschaft mit J. zusammen, mit dem er längere Zeit vorher einen Streit gehabt hatte; J. hatte ihm damals einen Schlag ins Gesicht versetzt. Im Hofe der Wirtschaft kamen sie wieder in Streit; A. gab auf J. einen Revolverschuß ab, durch den dieser getötet wurde. Das Schwurgericht sprach ihn aus dem Gesichtspunkt der Notwehr frei. Das Reichsgericht verwies die Sache zurück. Wer rechtswidrig angegriffen wird, ist nicht unter allen Umständen berechtigt, sich mit allen Mitteln zu wehren, die ihm zu Gebote stehen. Art und Maß der Verteidigung richten sich vielmehr nach Art und Maß des Angriffs. Sich dem Angriff durch Flucht zu entziehen, ist der Angegriffene zwar nicht verpflichtet; daraus folgt aber nicht, daß er unter allen Umständen zu gewaltsamer Abwehr schreiten darf. Wer einem Angriff ohne Preisgabe oder Gefährdung eigener oder fremder berechtigter Interessen dadurch ausweichen kann, daß er aus der Richtung des Angriffs heraustritt, ist nicht berechtigt, ein Rechtsgut des Angreifers zu verletzen, wenn das zur Abwehr des Angriffs nicht erforderlich ist; so ist ihm unter Umständen zuzumuten, die Hilfe eines Dritten in Anspruch zu nehmen, der zur Abwehr fähig und bereit ist. Im vorliegenden Falle hätte geprüft

werden müssen, ob der Angeklagte sich nicht die Hilfe des Gastwirts oder anderer Personen hätte sichern oder doch den Schuß so hätte abgeben können, daß dadurch sein Gegner nur kampfunfähig gemacht worden wäre. (II, 1. März 1937.) Amtl. Sammlg. S. 133—135.
Vgl. Bd. 66 S. 244.

54. Zollhinterziehung. (RAbgO. §§ 396, 413; ZollTar. Nr. 118.) Kaviar unterliegt verschiedenen Zollsätzen, je nachdem er in Dosen bis zu 5 kg oder in größeren Gefäßen eingeführt wird. Ein Kaufmann ließ Dosenkaviar in das Freihafengebiet von Hamburg kommen und füllte ihn dort in Fässer um. Er wurde wegen Zollhinterziehung verurteilt. Seine Revision wurde verworfen. Der innere Grund für die verschiedene Zollfestsetzung ist, daß hochwertige Kaviarsorten vom Ausland üblicherweise in Dosen mit einem Gewicht von nicht mehr als 5 kg in den Handel gebracht werden, während die billigeren Sorten in größeren Gefäßen auf den Markt kommen. Hienach ist es unzulässig, daß der Empfänger der Ware den wirtschaftlichen Zweck des Zolltarifs dadurch zu vereiteln sucht, daß er jedem Handelsbrauch zuwider die Ware unmittelbar, ehe er sie in das Zollinland verbringen läßt, in einer Weise umpackt, die sie unter den niedrigeren Zollsatz bringt. Darauf, ob die umgefüllte Ware im Inland wieder als hochwertige verkauft wurde oder nicht, konnte es nicht ankommen. (III, 18. März 1937.)
Amtl. Sammlg. S. 135—137.

55. Strafantrag. (StGB. § 61.) In der Dienstwohnung eines städtischen Werkdirektors wurden Fenster eingeworfen. Sie wurden auf Kosten der Stadt wieder eingesetzt. Nachdem der Direktor aus seinem Amt ausgeschieden war, erfuhr er, daß sein Nachfolger Arbeiter angestiftet hatte, ihm die Fenster einzuwerfen. Er stellte gegen ihn Strafantrag wegen Sachbeschädigung und schloß sich dem Verfahren gegen ihn als Nebenkläger an. Das Reichsgericht gab seiner Revision gegen das freisprechende Urteil statt. Als Inhaber der Dienstwohnung war er berechtigt, Strafantrag wegen Sachbeschädigung zu stellen. Hieran wurde er dadurch nicht gehindert, daß die neuen Scheiben auf Kosten der Stadt wieder eingesetzt worden waren. Es war auch ohne Belang, daß er den Strafantrag erst stellte, nachdem er die Dienstwohnung schon geräumt hatte; ein Antragsberechtigter verliert sein Antragsrecht nicht dadurch, daß er aufhört, Inhaber des verletzten Rechts zu sein. (V, 22. März 1937.)

Amtl. Sammlg. S. 137—138.

Vgl. Bd. 1 S. 29; Bd. 63 S. 76; Bd. 65 S. 354; Bd. 68 S. 305; Bd. 70 S. 94.

56. **Blutschande. Pflegekind. Versuch.** (StGB. §§ 43, 173, 174.) Ein Mann verkehrte geschlechtlich mit einer Tochter seiner Frau, die vielleicht auch seine Tochter war. Er wurde wegen Blutschande mit einer Verschwägerten absteigender Linie verurteilt. Die Revision des Staatsanwalts, der Verurteilung wegen Blutschande mit einer Verwandten absteigender Linie verlangte, hatte keinen Erfolg. Das Landgericht hatte ausgeführt, es könne nicht festgestellt werden, daß der Angeklagte der Vater des Mädchens sei; zu seinen Gunsten war also davon auszugehen, daß er nicht der Vater war. Dann konnte höchstens der Versuch einer Blutschande mit einer Verwandten absteigender Linie vorliegen, wenn er nämlich glaubte oder wenigstens für möglich hielt, daß das Mädchen seine Tochter sei. Dagegen war der Tatbestand einer Blutschande mit einer Verschwägerten absteigender Linie voll erfüllt. Auch wenn das Mädchen seine eigene Tochter war, blieb der Tatbestand nach der äußeren wie nach der inneren Seite bestehen; nur wenn seine leibliche Vaterschaft erwiesen worden wäre, wäre der Tatbestand des § 173 Abs. 2 in jenen des Abs. 1 übergegangen. Unzulässig war es, den Angeklagten auch noch wegen eines vollendeten Verbrechens der Unzucht mit einem Pflegekinde zu verurteilen. Dieses Verbrechen kann nicht an einem leiblichen Kinde begangen werden, wenigstens nicht, wenn es ehelich ist oder die Stellung eines ehelichen Kindes hat. Wenn das Mädchen ein leibliches Kind des Angeklagten war, konnte es nicht zugleich sein Pflegekind sein. Es fehlte also der Nachweis des vollen gesetzlichen Tatbestandes. Wohl aber wollte der Angeklagte diesen Tatbestand verwirklichen, war also des Versuchs der Unzucht mit einem Pflegekinde schuldig. (I, 23. März 1937.)

Amtl. Sammlg. S. 138—140.

57. **Anrechnung der Untersuchungshaft.** (StGB. § 60.) Gegen den Angeklagten wurde in der Hauptverhandlung

vom 7. Dezember 1935 Haftbefehl erlassen. Er wurde wegen eines Verbrechens der unternommenen Verleitung zum Meineid verurteilt. Das Reichsgericht verwies die Sache zurück. Am 7. August 1936 wurde gegen ihn das Verfahren wegen dreier Verbrechen der unternommenen Verleitung zum Meineid eröffnet; die Sache wurde mit der schon anhängigen Sache verbunden. In der neuen Hauptverhandlung wurde er von der ursprünglichen Anklage freigesprochen, dagegen wegen der später unter Anklage gestellten Taten verurteilt; auf die Strafe wurde ein Teil der Untersuchungshaft angerechnet. Der Staatsanwalt legte Revision wegen der Anrechnung der Untersuchungshaft ein, weil der Angeklagte bis zum 7. August 1936 sich nur wegen der von dem früheren Verfahren erfaßten Tat in Untersuchungshaft befunden habe. Das Reichsgericht erklärte die Beschränkung des Rechtsmittels auf den Ausspruch über die Anrechnung der Untersuchungshaft für zulässig, gab ihm aber nicht statt. Voraussetzung für die Anrechnung der Untersuchungshaft ist, daß die Untersuchungshaft in Verbindung zu der Strafverfolgung steht, die das Urteil betrifft. Das trifft auch zu, wenn das Verfahren sich auf mehrere Straftaten bezieht, die Untersuchungshaft aber nur wegen eines Teiles dieser Taten verhängt worden ist, und zwar auch dann, wenn der Angeklagte hinsichtlich der Taten, wegen deren die Untersuchungshaft angeordnet worden ist, freigesprochen oder außer Verfolgung gesetzt wird. Erforderlich ist nur, daß der Angeklagte in dem Fall, in dem das Urteil ergeht, eine Untersuchungshaft erlitten hat. Unzulässig ist die Anrechnung, wenn die Haft schon beendet war, bevor die Straftat begangen wurde, die zur Untersuchung steht; unzulässig ist auch die Anrechnung der Untersuchungshaft, die der Angeklagte in einem anderen selbständigen Untersuchungsverfahren wegen einer anderen Straftat erlitten hat, und zwar auch dann, wenn eine Gesamtstrafe gebildet wird. Wird aber, wie im vorliegenden Falle, ein Verfahren während der Untersuchungshaft durch eine Nachtragsklage ergänzt und die Verbindung beider Verfahren beschlossen, so liegt ein einheitliches Verfahren vor und es ist rechtlich zulässig, die Untersuchungshaft anzurechnen, die der Angeklagte in ihm erlitten hat, das auch dann, wenn davon abgesehen worden ist, wegen der von der späteren Anklage betroffenen Tat sog. Überhaft anzuordnen, weil wegen des schon bestehenden Haftbefehls kein Fluchtverdacht mehr bestand. (II, 5. April 1937.)

Amtl. Sammlg. S. 140—143.

Vgl. Bd. 3 S. 264; Bd. 5 S. 173; Bd. 30 S. 182; Bd. 31 S. 244; Bd. 38 S. 182; Bd. 41 S. 318; Bd. 52 S. 191; Bd. 58 S. 95; Bd. 66 S. 351.

58. **Gebührenanweisung. Falschbeurkundung. Öffentliche Urkunde.** (StGB. §§ 348, 349.) Ein Beamter, der auf der Geschäftsstelle eines großen Gerichts die Gebühren der Zeugen und Sachverständigen festzustellen hatte, fertigte in zahlreichen Fällen falsche Berechnungen und ließ die Beträge durch Mittelspersonen für sich abheben. Er wurde wegen schwerer Falschbeurkundung im Amte verurteilt. Seine Revision bekämpfte die Annahme, daß es sich um öffentliche Urkunden gehandelt habe. Sie hatte keinen Erfolg. Der Verlauf bei der Anweisung von Gebühren für Zeugen und Sachverständige ist folgender: Der Vorsitzende bescheinigt, daß ein bestimmter, auf dem Formblatt bezeichneter Zeuge oder Sachverständiger Gebühren zu erhalten hat; der Urkundsbeamte der Geschäftsstelle stellt den Entschädigungsanspruch fest. Beide Urkunden dienen den Zwecken des inneren Dienstes der Justizverwaltung. Damit ist aber ihre Bedeutung nicht erschöpft. Die Bescheinigung des Vorsitzenden ist vielmehr für den Nachweis bestimmt, daß ein Zeuge oder Sachverständiger Gebühren zu beanspruchen hat. Der Vermerk des Urkundsbeamten stellt auf Grund der Berechnung fest, in welcher Höhe der Anspruch entstanden ist. Der Beamte ist für die Richtigkeit der Feststellung nicht nur der Justizverwaltung, sondern auch dem Anspruchberechtigten verantwortlich; dieser kann gegen seine Feststellung die Entscheidung des Gerichts anrufen. Die Feststellung erbringt ferner regelmäßig den Nachweis, daß der Zeuge oder Sachverständige Entschädigung verlangt hat; dieser Nachweis ist für die Entstehung des Anspruchs und für sein Erlöschen durch Fristablauf von Bedeutung. Die festgestellten Gebühren kommen auch für die Berechnung der Kosten in Betracht, die dem verurteilten Angeklagten auferlegt werden. Die Bescheinigung des Vorsitzenden und die Feststellung des Urkundsbeamten haben also Beweiskraft für und gegen jedermann. Daraus

folgt, daß sie, und zwar jede für sich allein, die Eigenschaft öffentlicher Urkunden haben. (III, 5. April 1937.)

Amtl. Sammlg. S. 143—146.

59. **Blutschutz. Strafzumessung.** (BlutSchG. § 5.) Ein Jude hatte lange Zeit vor dem Erlaß des Blutschutzgesetzes geschlechtliche Beziehungen mit einem deutschblütigen Mädchen angeknüpft und sie auch nach Erlaß des Gesetzes beibehalten; die Heiratsabsicht, die ursprünglich bestand, konnte zuerst aus tatsächlichen, dann aus rechtlichen Gründen nicht verwirklicht werden. Er wurde zu einer Gefängnisstrafe verurteilt. Der Staatsanwalt legte Revision ein, weil nicht auf Zuchthausstrafe erkannt worden war. Sie hatte keinen Erfolg. Das Gesetz läßt im § 5 Abs. 2 sowohl Gefängnisstrafe als Zuchthausstrafe zu; es ist nicht gesagt, daß eine der beiden Strafarten für den Regelfall bestimmt sei und daß zu der anderen nur übergegangen werden könne, wenn das durch besondere Umstände gerechtfertigt werde. Der Tatrichter hat im einzelnen Falle die Strafart nach seinem pflichtmäßigen Ermessen zu bestimmen, ohne an gesetzlich festgelegte Regeln gebunden zu sein. Die durch die Strafandrohung geschützten Rechtsgüter sind die Reinheit des deutschen Blutes und die deutsche Ehre. Die Strafbemessung hat sich grundsätzlich nach dem Umfang und dem Maß an Verschulden zu richten, das dem Angriff auf diese Rechtsgüter eigen ist. Der Richter darf in diesem Zusammenhang auch das Verhalten des anderen, nicht strafbaren Teiles berücksichtigen. Ein rechtlicher Irrtum wäre es gewesen, wenn das Landgericht angenommen hätte, die Verhängung von Zuchthaus sei nur bei ehrlosem Handeln oder niedriger Gesinnung des Täters zulässig; solche Merkmale stellt das Gesetz nicht auf. Die Heiratsabsicht des Angeklagten war nicht als Milderungsgrund verwertet, sondern nur zur Erklärung dafür angeführt worden, daß die Einleitung des Verhältnisses ernst gemeint gewesen sei. Darin lag keine falsche Würdigung der Bestimmungen. (I, 19. Januar 1937.)

Amtl. Sammlg. S. 147—149.

60. **Kirchensekretär. Beamter.** (StGB. § 359.) Kirchliche Beamte sind als mittelbare Staatsbeamte anzusehen, soweit sie unter staatlicher Aufsicht Kirchenvermögen verwalten. Solche Aufsicht ist in Sachsen nach der Verfassung der evangelisch-lutherischen Landeskirche vom 29. Mai 1922

vorgesehen; sie ist aber durch die 3. Durchführungsverordnung zum Gesetz über die Sicherung der deutschen evangelischen Kirche vom 21. November 1935 eingeführt worden. Nach dieser Verordnung bildet der Reichsminister für die kirchlichen Angelegenheiten für die sächsische Landeskirche einen Ausschuß, der sie leitet und vertritt; das Landeskirchenamt erledigt die laufenden Verwaltungsgeschäfte nach den vom Ausschuß aufgestellten Grundsätzen. Bei dem Landeskirchenamt wird eine Finanzabteilung gebildet, auf welche die Bestimmungen des preußischen Gesetzes über die Vermögensverwaltung in den evangelischen Landeskirchen vom 11. März 1935 entsprechend anzuwenden sind. Nach diesem Gesetz übt die Finanzabteilung die kirchliche Aufsicht über die Vermögens- und Kirchensteuerverwaltung der Kirchengemeinden und kirchlichen Verbände aus und ist befugt, unter bestimmten Voraussetzungen die Rechte der zuständigen kirchlichen Organe selbst wahrzunehmen. Daraus ergibt sich, daß die Leitung der Vermögensverwaltung der sächsischen evangelisch-lutherischen Landeskirche einer von der Kirchenleitung unabhängigen, durch den zuständigen Minister für kirchliche Landesangelegenheiten eingesetzten Stelle übertragen worden ist, die ihre Befugnisse nur aus der Staatsgewalt herleitet, also kraft staatlichen Rechts die Vermögensverwaltung führt, für diese Verwaltung dem Staate verantwortlich und bei ihrer Führung teilweise an die Zustimmung des Staates gebunden ist. Daß diese Regelung bis zum 30. September 1937 befristet war, machte nichts aus. (IV, 26. Januar 1937.)

Amtl. Sammlg. S. 149—152.

Vgl. Bd. 57 S. 23; Bd. 68 S. 85.

61. **Devisenrecht. Vorbereitungshandlung. Begünstigung. Verlöbnis.** (StGB. §§ 43, 257; DevVO. 1932 §§ 18, 36.) S. übergab H. eine größere Menge inländischer Wertpapiere, die dem Ausländer A. gehörten, zum Verkauf. H. führte den Verkauf aus und ließ den Betrag, der sich nach Abzug seiner Gebühren ergab, an S. überweisen. S. hielt den Betrag für A. bereit; ehe es zur Auszahlung kam, wurde er verhaftet. Seine Verurteilung wegen versuchter Zuwiderhandlung gegen die Devisengesetzgebung wurde bestätigt. Die Vorgänge, wie sie sich nach dem Willen des Angeklagten entwickeln sollten (Hingabe der Wertpapiere an H., Empfang des Kaufpreises von H. und

Aushändigung des Betrages an A.) waren nach natürlicher Auffassung als eine einheitliche Handlung anzusehen. Mit der Ausführung dieser Handlung hatte S. unter Benutzung des H. als Werkzeug schon begonnen und die durch die Devisengesetzgebung geschützte deutsche Wirtschaft in hohem Maße gefährdet. Damit hatte er die Grenze überschritten, welche den Versuch von der Vorbereitung scheidet. G. und K. hatten zugunsten des S. Handlungen vorgenommen, die den äußeren Tatbestand der Begünstigung erfüllten. Sie beriefen sich darauf, daß sie von der Straftat des S. keine Kenntnis gehabt hätten. Zum inneren Tatbestand der Begünstigung gehörte, daß sie die tatsächlichen Umstände kannten, aus denen für sie der Tatbestand irgendeines Verbrechens oder Vergehens zu entnehmen war. Bedingter Vorsatz genügte. Sie wußten, daß gegen S. wegen einer Devisenzuwiderhandlung ein gerichtliches Verfahren schwebte und Haftbefehl erlassen war. Sie hatten also mindestens mit der Möglichkeit gerechnet, daß S. sich eines Vergehens schuldig gemacht habe. K. behauptete, mit S. verlobt zu sein. Dem stand entgegen, daß S. schon anderweitig verlobt war. Die Annahme, daß er durch den Abschluß eines neuen Verlöbnisses stillschweigend von dem früheren Verlöbnis zurückgetreten sei, ließ sich nicht halten, weil die frühere Braut von dem neuen Verlöbnis nichts wußte. Das Verlöbnis des S. mit der K. war also nicht rechtsgültig. Daß sie sich für verlobt hielt, konnte sie nicht straffrei machen; für das Vorliegen des Strafbefreiungsgrundes bei Begünstigung ist ausschließlich der Rechtszustand maßgebend, der tatsächlich besteht. (II, 1. März 1937.) Amtl. Sammlg. S. 152—155. Vgl. Bd. 55 S. 126; Bd. 61 S. 270; Bd. 69 S. 210; RGZ. Bd. 105 S. 245; JW. 1935 S. 3308.

62. **Untreue. Sonderkasse. Absicht.** (StGB. § 266.) Ein Ministerialbeamter beantragte, ihm für plötzlich notwendig werdende Auslagen eine besondere Handkasse zu bewilligen. Der Antrag wurde abgelehnt. Er veranlaßte nun Personen, die bei ihm Rechnungen einzureichen hatten, in diese höhere Beträge einzusetzen als ihnen zuständen, und den Überschuß ihm auszuhändigen. Er verwandte ihn für amtliche Zwecke. Das Landgericht war der Auffassung, daß ihm hienach keine Untreue zur Last falle. Das Reichs-

gericht verwies die Sache zurück. Daß der Angeklagte die Möglichkeit hatte, über Vermögensstücke des Reichs zu verfügen, und daß er tatsächlich darüber verfügt hatte, stand außer Zweifel; fraglich war nur, ob er dabei zum Nachteil des Reichs gehandelt hatte. Ein Nachteil kann auch schon in einer Vermögensgefährdung liegen, auch schon darin, daß die Herrschaft des Vollmachtgebers über die ihm zustehenden Forderungen und andere ihm gehörige Vermögensstücke gelockert oder gefährdet wird. Die Zuführung staatlicher Gelder an eine Sonderkasse unter Nichtachtung der zur ordnungsmäßigen Überwachung der Einnahmen und Ausgaben im Staatshaushalt gegebenen Vorschriften stellt für den Staat schon einen Vermögensnachteil dar. Der Angeklagte hatte die der Sonderkasse zugeführten Beträge der Reichshauptkasse und damit zugleich den zur Verfügung über die Gelder und den zur Überwachung der Haushaltmittel berufenen Regierungsstellen entzogen, so daß der Verbleib der Gelder für sie nicht erkennbar war; er hatte eine Lage geschaffen, in der das Reich tatsächlich verhindert war, sein Recht an den in der Sonderkasse befindlichen Vermögensstücken seinen Entschließungen gemäß wahrzunehmen. Die Gelder fehlten dort, wo sie hätten sein sollen. Das genügte, um das Merkmal des Nachteils zu erfüllen. Dem Nachteil stand kein Vorteil für das Reich gegenüber, so daß von einem Ausgleich des Schadens nicht gesprochen werden konnte. Daß die gefährdeten Mittel später vom Angeklagten für amtliche Zwecke verwendet wurden, besagte lediglich, daß er insoweit den Schaden, der durch die Gefährdung entstanden war, wieder gutmachte. Auch wenn der Wille des Angeklagten von vornherein darauf gerichtet war, den Schaden in dieser Weise zu ersetzen, schloß das seinen Vorsatz nicht aus, dem Reiche durch Gefährdung seines Vermögens Nachteil zuzufügen. Damit war auch das Merkmal der Absicht im Sinne des § 266 StGB. erfüllt. Zur Absicht des Handelns gehört hier nur das Wissen um die gesamten Tatbestandsmerkmale und der Wille, gleichwohl zu handeln, also keine über den Vorsatz hinausgehende Willensrichtung. (II, 11. März 1937.)

Amtl. Sammlg. S. 155—159.

Vgl. Bd. 30 S. 191; Bd. 38 S. 1, 266; Bd. 39 S. 335; Bd. 49 S. 358; Bd. 53 S. 194; Bd. 56 S. 101; Bd. 58

S. 249; Bd. 61 S. 2, 78; Bd. 63 S. 189; Bd. 64 S. 43; Bd. 65 S. 401; Bd. 66 S. 289; JW. 1935 S. 530, 2963.

63. Beleidigung. Kundgebung. Selbstgespräch. Tagebuch. Vertrauliche Mitteilung. (StGB. §§ 185, 186.) In Briefen, die eine Mutter an ihren Sohn gerichtet hatte und die gelegentlich einer Haussuchung bei diesem entdeckt wurden, waren beleidigende Äußerungen enthalten. Gegen die Verurteilung wegen Beleidigung wurde vorgebracht, vertrauliche Äußerungen im engsten Familienkreise könnten nicht als Beleidigung im Sinne des Strafrechts angesehen werden. Das Reichsgericht teilte diese Auffassung nicht. Unter Beleidigung versteht man den Angriff auf die Ehre eines anderen durch vorsätzliche, rechtswidrige Kundgebung der Nichtachtung oder Mißachtung. Die Kundgebung muß an einen anderen gerichtet sein, wobei es aber gleichgültig ist, ob sie an den, für den sie bestimmt ist, oder einen anderen gelangt. Eine Beleidigung liegt nicht vor, wenn ein Selbstgespräch geführt wird, das kein anderer hören soll, oder wenn Gedanken einem Tagebuch anvertraut werden, das nicht zur Kenntnisnahme durch andere Personen bestimmt ist. Bei vertraulichen Mitteilungen im Freundeskreise liegt eine Kundgebung an einen anderen vor; sie können also den Tatbestand einer Beleidigung erfüllen. Es ist unmöglich, von diesen Grundsätzen dann abzuweichen, wenn die Äußerung im engsten Kreise der Familie fällt, selbst wenn dabei vereinbart wird, sie anderen gegenüber streng geheimzuhalten. Selbstzucht ist auch im Kreise der Familie geboten, besonders wenn man an Ehrenkränkungen gegenüber den Führern von Staat und Partei durch politisch Abseitsstehende denkt; in den meisten Fällen wird auch sonst der Schutz der beleidigten Person höher stehen als der Schutz von Personen, welche die Ehre anderer angreifen. Die Vertraulichkeit der Äußerung kann hier nur im Strafmaß Beachtung finden. (V, 18. März 1937.) Amtl. Sammlg. S. 159—164.

64. Kraftwagenverkehr. Vorfahrtsrecht. (StrVerkO.) H. fuhr mit seinem Kraftwagen von rechts auf eine Straßenkreuzung zu; M. kam von links, fuhr aber zuerst in die Kreuzung ein und erwartete darum, daß H. ihm die Vorfahrt gestatten werde. H. hatte vor der Kreuzung seine Geschwindigkeit auf 40—50 Stundenkilometer ermäßigt und nochmals scharf gebremst, als M. von links überraschend und schnell hinter einem undurchsichtigen Brückengeländer hervorkam. Er wurde vom Landgericht freigesprochen. Auf die Revision des M., der sich dem Verfahren als Nebenkläger angeschlossen hatte, wurde die Sache zurückverwiesen. Der von links kommende, also grundsätzlich zur Gestattung der Vorfahrt verpflichtete Verkehrsteilnehmer verstößt gegen dieses Vorfahrtsrecht, wenn er in der Erwartung, daß der von rechts kommende Verkehrsteilnehmer ihm die Vorfahrt gestatten werde, in die Kreuzung einfährt, und handelt selbst dann schuldhaft, wenn er früher an die Kreuzung gelangt ist als der andere. Aber auch der vorfahrtsberechtigte Verkehrsteilnehmer, der von rechts kommt, darf nicht mit beliebiger Geschwindigkeit in die Kreuzung einfahren. Die Geschwindigkeit, mit der er sich auf die Kreuzung zu bewegt, muß ihm die Möglichkeit gewähren, vor einem vorfahrtberechtigten Verkehrsteilnehmer, der aus der rechts einmündenden Straße auftaucht, abzustoppen, um ihm die Vorfahrt zu gewähren. Daneben liegt ihm die Pflicht ob, die Verkehrsteilnehmer im Auge zu behalten, die aus der links einmündenden Straße kommen, soweit das seine anderen Verpflichtungen zulassen; denn er muß imstande sein, die notwendigen Gegenmaßnahmen zu treffen, wenn diese unter Mißachtung seines Vorfahrtsrechts in die Kreuzung einfahren. Welche Geschwindigkeit er einhalten muß, um diesen Erfordernissen gerecht zu werden, hängt von der Straßenbreite, der Witterung, der Verkehrsdichte, der Straßenbeschaffenheit und vor allem davon ab, wieweit die Kreuzung nach rechts und links übersichtlich ist. Im vorliegenden Falle war die Kreuzung für den Angeklagten nach links unübersichtlich. Dieser Umstand war im Urteil nicht berücksichtigt. (II, 8. April 1937.) Amtl. Sammlg. S. 164—166.

Vgl. Bd. 71 S. 80.

65. **Falsche Anschuldigung. Beleidigung. Vorsatz.** (StGB. §§ 164, 185.) Ein Brief mit 150 *RM* Inhalt, der in Berlin beim Postamt N 39 aufgegeben wurde, kam nicht an sein Ziel. Der Absender erstattete eine Anzeige gegen Unbekannt bei der Kriminalpostdienststelle, beschrieb darin die Sendung und die Umstände, unter denen er den Brief aufgegeben hatte, und erwähnte, daß an dem Tage der Absendung der Postschaffner K. allein Dienst beim Postamt 39 gehabt habe; er regte an, Haussuchungen bei den

Beamten vorzunehmen, die den Brief in die Hand bekommen haben konnten. Die Nachforschungen blieben erfolglos. Haussuchungen wurden nicht ausgeführt. Der Absender des Briefes wurde wegen falscher Anschuldigung verurteilt. Das Reichsgericht sprach ihn frei. Daß der Angeklagte den Brief aufgegeben hatte, war nicht in Zweifel gezogen worden. Das Landgericht hatte angenommen, daß er die Möglichkeit eines zufälligen Verlustes des Briefes nicht habe ausschließen können und demgemäß bei der Anzeige das Bewußtsein gehabt habe, seine Verdächtigungen könnten falsch sein. Es fehlte aber eine zweifelsfreie Feststellung, daß die Verdächtigung überhaupt der Wahrheit nicht entsprach, zumal das Urteil auch nicht ersehen ließ, auf welche andere Weise nach Meinung des Landgerichts der Brief verloren ging. Wenn der Angeklagte den Sachverhalt richtig wiedergegeben und nur fehlerhaft einen Verdacht gegen bestimmte Beamte geäußert hatte, konnte in dieser Schlußfolgerung keine falsche Anschuldigung gefunden werden, da sie sich aus dem tatsächlichen Vorbringen der Anzeige ergab, für sich allein keinen Bestand haben sollte und daher auch nicht eine neue Behauptung tatsächlicher Art darstellte, sondern nur einen Denkvorgang wiedergab. Maßgebend war, wie das gesamte tatsächliche Vorbringen in der Anzeige zu beurteilen war. Eine Verdächtigung ist nur dann falsch, wenn sich das tatsächliche Vorbringen, dem sie zu entnehmen ist, als falsch erweist. Ist dieses richtig und hat der Anzeigende aus ihm lediglich einen Verdacht gefolgert, der sich in der nachfolgenden Untersuchung nicht bestätigt, so hat er keine falsche Anschuldigung erhoben. Bei dem gegenüber der früheren Fassung bedeutend erweiterten Rahmen des äußeren Tatbestandes der falschen Anschuldigung bedarf auch die innere Tatseite ganz besonders sorgfältiger Prüfung. Jedenfalls wäre die Annahme näher zu begründen gewesen, daß der Angeklagte von vornherein mit der Möglichkeit rechnete, der Verdacht, den er äußerte, sei unrichtig, und daß er die Verdächtigung auch für diesen Fall wollte. Das erhebliche Interesse, das der Angeklagte an der Verfolgung und Aufklärung der Angelegenheit hatte, konnte auf seine Vorstellungen bestimmenden Einfluß üben und hätte daher aus diesem Gesichtspunkt bei der Ergründung der inneren Tatseite mit gewürdigt werden müssen. Durch die Äuße-

rung eines Verdachtes, der offensichtlich nicht durch Tatsachen gestützt wird, kann auch ein Vergehen der Beleidigung begangen werden; eine Verurteilung hiewegen schied aber bei der gegebenen Sachlage aus. (II, 8. April 1937.)
Amtl. Sammlg. S. 167—172.

66. Eidesstattliche Versicherung. Oberversicherungsamt. (StGB. § 156; RVO. § 1675.) Gegen den ablehnenden Bescheid einer Berufsgenossenschaft wurde Berufung zum Oberversicherungsamt eingelegt; der Berufungsführer legte eine eidesstattliche Versicherung eines Zeugen des Unfalls vor. Sie war falsch. Die Verurteilung wegen falscher Versicherung an Eides Statt wurde gebilligt. Ob das Oberversicherungsamt die Versicherung unmittelbar als Beweismittel für das Bestehen oder Nichtbestehen des geltendgemachten Anspruchs verwerten wollte und konnte, brauchte nicht erörtert zu werden; es genügte, daß die Versicherung sich auf einen Tatbestand bezog, über den sie an sich vor der Behörde abgegeben werden konnte, und daß sie rechtlich nicht völlig wirkungslos war. Sie konnte im gegebenen Falle für die Entschließung des Oberversicherungsamtes von Bedeutung sein, ob der Angeklagte als Zeuge vernommen werden sollte. (III, 12. April 1937.)
Amtl. Sammlg. S. 172—173.
Vgl. Bd. 67 S. 408; Bd. 69 S. 26; Bd. 70 S. 266.

67. Nebenklage. Rechtsmittel. Wiedereinsetzung. (StPO. §§ 395, 399.) Ein Schwurgerichtsurteil wurde am 20. Januar 1937 verkündet. Am 30. Januar 1937 kam ein Schriftsatz in den Einlauf des Gerichts, worin der Verletzte erklärte, sich dem Verfahren als Nebenkläger anzuschließen; zugleich legte er Revision gegen das Urteil ein und bat um Wiedereinsetzung in den vorigen Stand gegen die Versäumung der Frist. Das Reichsgericht erklärte, daß zwar ein Anschluß als Nebenkläger auch noch nach der Verkündung des Urteils möglich ist, aber nicht mehr nach Eintritt der Rechtskraft. Zu der Zeit, da der Schriftsatz bei Gericht einging, schwebte kein Verfahren mehr, war also ein Anschluß nicht mehr denkbar. Eine Rechtsmittelfrist, gegen die Wiedereinsetzung in den vorigen Stand hätte gewährt werden können, war gegen den Antragsteller überhaupt nicht in Lauf gesetzt worden. (III, 12. April 1937.) Amtl. Sammlg. S. 173.

68. **Falsche Anschuldigung. Leichtfertigkeit.** (StGB. §§ 164, 186, 193.) In einem an den Präsidenten des Kammergerichts gerichteten Schreiben wurde verlangt, daß gegen einen Rechtsanwalt in seiner Eigenschaft als Vorsitzender der Anwaltskammer eingeschritten werde. Die vorgebrachten Tatsachen waren unrichtig. Das Landgericht nahm an, daß falsche Anschuldigung nicht vorliege, wohl aber ein Vergehen der üblen Nachrede nach § 186 StGB. Der Schutz des § 193 StGB. wurde versagt; das Verfahren wurde aber auf Grund des Straffreiheitgesetzes vom 23. April 1936 eingestellt. Die Staatsanwaltschaft, der beleidigte Anwalt als Nebenkläger und der Angeklagte selbst, der freigesprochen zu werden verlangte, legten Revision ein. Das Reichsgericht verwarf alle Revisionen. Eine Verurteilung wegen falscher Anschuldigung hätte auch erfolgen können, wenn der Angeklagte seine Behauptungen nicht wider besseres Wissen, wohl aber leichtfertig aufgestellt hätte. Mit dieser erst durch das Gesetz vom 26. Mai 1933 geschaffenen Erweiterung des Begriffs der falschen Anschuldigung sollte eine Waffe zur Bekämpfung des verächtlichen Angebertums geschaffen werden. Zu beachten bleibt aber, daß jedermann das Recht hat, strafbare Handlungen oder dienstliche Verfehlungen bei den zuständigen Behörden anzuzeigen, und daß dem Staat selbst daran gelegen sein muß, von solchen Vorgängen Kenntnis zu erhalten, um Mißstände beseitigen zu können. Wer sich zu einer Anzeige entschließt, wird oft keine Gewißheit darüber haben, ob das, was er vorbringt, wirklich wahr ist. Es ist daher notwendig, das Interesse an dem Anzeigerecht gegenüber dem Recht auf Ehrenschutz abzugrenzen. Hiebei kann die Rechtsprechung zum § 193 StGB. herangezogen werden, die schon bisher den Begriff der Leichtfertigkeit verwandt hat. Sie hat angenommen, daß eine Berufung auf Interessenwahrung nicht zulässig ist, wenn den Anforderungen von Recht und Sittlichkeit zuwider nur auf haltlose Vermutungen hin die Ehre eines anderen gröblich angetastet worden ist, daß also grundsätzlich eine Erkundigungspflicht besteht, wenn der Vorwurf der Leichtfertigkeit vermieden werden soll. Bei der Prüfung, in welchem Umfang diese Pflicht besteht, müssen aber stets die besonderen Umstände des Einzelfalles berücksichtigt werden. Es kommt wesentlich auf die persönliche Vor-

stellung des Anzeigenden an, insbesondere darauf, ob er nach den Erfahrungen, die er bisher in der Angelegenheit gemacht hat, bei irgendwelchen etwa noch möglichen Erkundigungen eine anderweitige sachdienliche Aufklärung und Richtigstellung erwarten kann. Dabei wird vielfach zu beachten sein, ob dem Anzeigenden zugemutet werden konnte, derartige Erwägungen anzustellen, oder ob er dabei etwa durch ein eingewurzeltes Erinnerungsbild behindert worden ist. Nur ein hartnäckiges, schuldhaftes Festhalten an einem solchen Irrtum vermag die Leichtfertigkeit zu begründen. Es geht nicht an, die an die Erkundigungspflicht zu stellenden Anforderungen zu überspannen und von dem Anzeigenden zu verlangen, daß er selbst ein Ermittlungsverfahren anstelle, bevor er die Anzeige erstattet. Leichtfertig handelt nur, wer bei gewissenhafter, ihm möglicher und zumutbarer Prüfung hätte erkennen müssen, daß die Unterlagen, die ihm zur Verfügung standen, unzuverlässig oder unzulänglich seien. Der Begriff der Leichtfertigkeit ist etwa dem der groben Fahrlässigkeit gleichzusetzen. (II, 12. April 1937.) Amtl. Sammlg. S. 174—176. Vgl. Bd. 57 S. 234; Bd. 62 S. 83, 93; Bd. 63 S. 92, 202, 370; Bd. 64 S. 10; Bd. 66 S. 1.

69. Zollhinterziehung. Beihilfe. Unterlassung. (StGB. § 49; RAbgO. § 396; SeemO. §§ 2, 3, 34, 85, 87, 88, 96.) Matrosen eines Handelsschiffs kauften im Zollausschlußgebiet Tabak und führten ihn unter Hinterziehung der darauf lastenden Abgaben in das Inland ein. Einer der Offiziere des Schiffs hatte davon Kenntnis, tat aber nichts, um die Abgabenhinterziehung zu verhindern. Er wurde wegen Beihilfe zur Zollhinterziehung verurteilt. Seine Revision wurde verworfen. Ein Unterlassen ist strafrechtlich dem Handeln gleichzusetzen, wenn eine Rechtspflicht zum Handeln besteht. Als Schiffsoffizier hatte der Angeklagte den Kapitän in der Führung des Schiffes zu unterstützen; diese Verpflichtung beschränkte sich nicht auf den besonderen Dienstzweig, der ihm übertragen war, sondern sie umfaßte auch die Pflicht, dem Kapitän bei der allgemeinen Wahrung von Ordnung und Dienstzucht, also auch bei der Verhinderung von Dienstpflichtverletzungen, beizustehen. Dem Schiffsmann ist das Einbringen von Gütern, besonders auch von Tabak, über den eigenen Bedarf hinaus verboten; schon daraus ergibt sich die Verpflichtung des

Schiffsoffiziers, Schmuggel zu verhindern. Für die Beihilfe durch tätiges Handeln ist nicht Tatbestandsmerkmal, daß die Gehilfentätigkeit für den strafrechtlichen Erfolg der Handlung des Haupttäters ursächlich ist; es reicht aus, daß sie die Handlung fördert oder erleichtert, die den Tatbestand verwirklichen soll. Ebenso ist bei der Beihilfe durch Unterlassen nicht erforderlich, daß durch das pflichtmäßige Einschreiten die Tat unter allen Umständen verhindert worden wäre; vielmehr genügt es, daß der Gehilfe in der Lage ist, durch seine Tätigkeit ihre Vollendung zu erschweren. Schon ein einfaches dienstliches Verbot wäre geeignet gewesen, bei der Schiffsmanschaft Hemmungen hervorzurufen und dadurch der Tat vorzubeugen; auch eine dienstliche Meldung an den Kapitän hätte diese Wirkung haben können. Notfalls wäre der Angeklagte verpflichtet gewesen, die Zollbeamten zu benachrichtigen. (III, 12. April 1937.) Amtl. Sammlg. S. 176—178.

70. **Entmannung. Revision.** (StGB. §§ 20 a, 42 e, 42 k.) Gegen den Angeklagten, der sich eines Verbrechens der Unzucht mit Kindern schuldig gemacht hatte, beantragte der Staatsanwalt die Entmannung. Das Landgericht lehnte sie ab, weil es annahm, daß bei dem Angeklagten gleichgeschlechtliche Veranlagung vorliege; es ordnete aber Sicherungsverwahrung an. Auf die Revision des Staatsanwalts wurde der Strafausspruch und die Anordnung der Sicherungsverwahrung aufgehoben und die Sache zurückverwiesen. Die Beschränkung der Revision auf die Frage der Entmannung war zulässig. Ob das Landgericht der Ansicht war, daß bei gleichgeschlechtlicher Veranlagung die Entmannung nicht ausgesprochen werden könne, ergab sich aus dem Urteil nicht deutlich. Das Reichsgericht erklärte diese Ansicht für rechtsirrig. In Fällen solcher Art ist es nur geboten, die Frage besonders sorgfältig zu prüfen, ob die Allgemeinheit durch eine Entmannung des Verbrechers vor weiteren Untaten voraussichtlich gesichert würde. Da sich fragte, ob die Entmannung neben der Sicherungsverwahrung oder an ihrer Statt anzuordnen war, mußte auch die Anordnung der Sicherungsverwahrung aufgehoben werden, ebenso, da die Strafe nach § 20 a StGB. geschärft worden war, der Strafausspruch. (V, 12. April 1937.) Amtl. Sammlg. S. 178—179.

Vgl. Bd. 68 S. 293, 385; Bd. 69 S. 133.

71. **Verminderte Zurechnungsfähigkeit. Todesstrafe.** (StGB. § 51.) Die Strafmilderung gegenüber vermindert zurechnungsfähigen Personen ist in das Ermessen des Gerichts gestellt; sie können also auch zu Todesstrafe verurteilt werden. Die Stellung des nationalsozialistischen Staates gegenüber den vermindert zurechnungsfähigen Personen ist grundsätzlich die, daß das Strafrecht gegenüber den Interessen des Einzelnen die Interessen der Volksgemeinschaft in den Vordergrund rücken muß. Von dem, der infolge seines geringeren Unterscheidungs- oder Hemmungsvermögens eine größere Gefahr für die Volksgenossen bedeutet, muß die Volksgemeinschaft verlangen, daß er durch erhöhte Kraftanstrengung einen Ausgleich schaffe; tut er das nicht, so darf er nicht seine verminderte Zurechnungsfähigkeit als Entschuldigungsgrund ins Feld führen. (I, 16. April 1937.) Amtl. Sammlg. S. 180--182.

Vgl. Bd. 69 S. 317; JW. 1935 S. 1590, 3379.

72. **Kraftwagenverkehr. Führer. Fahrzeug. Gegenstand. Verkehrshindernis. Wagenbeleuchtung. Mitverantwortlichkeit. Fahrlässigkeit.** (StrVerkO. §§ 5, 12, 20, 25, 29; StPO. § 60.) Der Inhaber eines Möbeltransportgeschäfts nahm bei einem anderen Geschäft einen Möbelwagen zu leihen. Er hatte mit einem selbständigen Fuhrunternehmer einen Vertrag geschlossen, wonach dieser den Wagen zu befördern hatte. Dieser brachte den Wagen an den ihm genannten Ort und stellte ihn dort nachmittags gegen 2 Uhr auf der rechten Seite der Fahrbahn zur Entladung auf; dann entfernte er sich mit seinem Wagen, da er noch andere Fuhren übertragen erhalten hatte. Da die Entladung nicht rechtzeitig durchgeführt werden konnte, blieb der Wagen über Nacht am gleichen Platz stehen. Nach Verlöschen der öffentlichen Straßenbeleuchtung stieß ein Kraftradfahrer an den Möbelwagen an und wurde tödlich verletzt. Der Fuhrunternehmer wurde wegen fahrlässiger Tötung verurteilt. Das Reichsgericht verwies die Sache zurück. Der Inhaber der Möbelhandlung war als Zeuge eidlich vernommen worden. Das erklärte das Reichsgericht für unrichtig. Die Entscheidung darüber, ob ein Zeuge der Beteiligung an der Tat, die den Gegenstand der Untersuchung bildet, verdächtig ist, steht zwar dem Tatrichter zu; das Revisionsgericht hat aber nachzuprüfen, ob die Entscheidung nicht auf Rechtsirrtum beruht. Im vor-

liegenden Falle war das nicht ausgeschlossen. Das Urteil ging davon aus, daß der Angeklagte als Führer des Wagens die alleinige Verantwortung für sachgemäße Aufstellung und Beleuchtung bei Eintritt der Dunkelheit gehabt habe. Das traf nicht zu. Der Führer eines Fahrzeugs ist allerdings dafür verantwortlich, daß sich das Fahrzeug in verkehrs- und betriebssicherem Zustand befindet; er hat namentlich für die ordnungsmäßige Beleuchtung zu sorgen. Damit wird aber die Mitverantwortung eines anderen nicht ausgeschlossen. Auch der Inhaber des Möbelgeschäfts, der den Wagen gestellt hatte, konnte verpflichtet sein, dafür zu sorgen, daß die Beleuchtungsvorrichtungen an dem Wagen ordnungsmäßig waren. Das war nicht geprüft worden. Auf diesem Rechtsfehler konnte das Urteil beruhen, da möglicherweise das Landgericht bei einer nur uneidlichen Aussage dieses wichtigen Zeugen das Beweisergebnis in wesentlichen Punkten anders gewürdigt hätte. Rechtlich einwandfrei war die Annahme des Urteils, daß der Angeklagte Führer des Wagens war und die Verantwortlichkeit bis zum Zurückbringen des Wagens an den Wagenplatz trug. Unbegründet war auch der Zweifel der Revision, ob der Möbelwagen, der nicht selbständig bewegt werden konnte, als Fahrzeug anzusehen war. Anhänger unterstehen, solange sie nicht angehängt sind, den allgemeinen Vorschriften für Fahrzeuge; soweit sie mit eigener Kraft bewegt werden können, kommen die verschärften Vorschriften für Kraftfahrzeuge auf sie zur Anwendung. Der Angeklagte war also für die sachgemäße Aufstellung und nach Eintritt der Dunkelheit für die vorschriftsmäßige Beleuchtung des Wagens verantwortlich. Wenn er infolge der Verzögerung der Entladung die Beleuchtung nicht selbst in Tätigkeit setzen konnte, hatte er den Inhaber des Möbeltransportgeschäfts zu verständigen und zu veranlassen, daß er die Beleuchtung übernahm. Wenn er die von ihm zu fordernde Aufmerksamkeit angewendet hätte, hätte er dieser Pflicht auch bewußt sein müssen. Unrichtig war dagegen die Annahme des Landgerichts, daß der Wagen durch rotes Licht hätte beleuchtet werden müssen. Diese Vorschrift gilt nur für Verkehrshindernisse; als solche sind Gegenstände anzusehen, die auf die Straße gebracht und dort liegen gelassen werden, nicht aber Fahrzeuge. Für diese ist nur vorgeschrieben, daß sie durch Laternen oder Rückstrahler erkennbar gemacht werden, wenn sie nicht durch andere Lichtquellen ausreichend beleuchtet sind. An der Rückwand des Wagens war ein Rückstrahler angebracht. Der Angeklagte war einer Fahrlässigkeit schuldig erkannt worden, weil er nicht für eine Beleuchtung des Wagens von vorn gesorgt hatte; da aber der Verunglückte von rückwärts auf den Wagen aufgefahren war, hätte geprüft werden müssen, ob diese Fahrlässigkeit für den Unfall ursächlich gewesen war. Allerdings ist für den strafrechtlichen Begriff der Fahrlässigkeit nicht unbedingt entscheidend, ob die polizeilichen Vorschriften eingehalten worden sind; bei der besonderen Sachlage, namentlich mit Rücksicht auf die außerordentliche Breite des Wagens, war es Pflicht des Angeklagten gewesen, sorgfältig zu prüfen, ob der Rückstrahler ausreichte, um einen Unfall zu verhüten, namentlich, wenn der Rückstrahler nicht den neuesten Vorschriften entsprach. (IV, 16. April 1937.) Amtl. Sammlg. S. 182—187. Vgl. Bd. 57 S. 168; Bd. 59 S. 166, 341; Bd. 65 S. 158.

73. **Beihilfe. Unglücksfall. Nothilfe.** (StGB. §§ 49, 330 c.) Eine Frau vereinbarte mit ihrem Geliebten, daß sie ihren Mann ums Leben bringen wolle. Nachdem ihr Mann zu Bett gegangen war, öffnete sie den Gashahn und verließ ihre Wohnung. In der Nähe traf sie mit ihrem Geliebten zusammen, verständigte ihn von dem Geschehenen und gab ihm den Wohnungsschlüssel mit dem Auftrag, nachzusehen, wie die Sache dort stehe. Er kam der Aufforderung nach und überzeugte sich, daß das Gas noch ausströmte und daß der Mann noch schlief. Seine Verurteilung wegen Beihilfe zum Mord wurde vom Reichsgericht gebilligt. Er hatte sich durch eine positive Handlung, nicht nur durch eine rechtswidrige Unterlassung in den abrollenden Ursachenverlauf eingeschaltet, indem er sich und der Haupttäterin die Gewißheit verschaffte, daß die in Bewegung gesetzte Ursachenkette ungestört ablief und zu dem gewünschten Erfolg führte. Die Hilfeleistung, die in diesem Verhalten lag, verlor diese Eigenschaft nicht dadurch, daß er bei der Nachprüfung keine Hindernisse vorfand. Die Tat war mit der Öffnung des Gashahns nicht abgeschlossen, setzte sich vielmehr dadurch fort, daß die Täterin das Gas ausströmen ließ bis ihr Mann tot war. Beihilfe kann zudem auch durch Unterlassen begangen werden, wenn eine

Rechtspflicht zum Handeln gegeben ist. Eine Pflicht zur Nothilfe besteht bei allen Unglücksfällen, wenn eine solche dem gesunden Volksempfinden entspricht. Unglücksfälle sind plötzlich eintretende Ereignisse, die erheblichen Schaden verursachen und weiteren Schaden zu verursachen drohen. Als der Angeklagte sah, daß der Ehemann seiner Geliebten durch das ausströmende Gas in seinem Leben gefährdet wurde, war er nach gesundem Volksempfinden verpflichtet, die Gefahr abzuwenden. Indem er das unterließ, leistete er zu dem Mord wissentlich Hilfe. (IV, 16. April 1937.) Amtl. Sammlg. S. 187—189.

74. Schwarzarbeit. Selbständiger Gewerbebetrieb. (GewO. § 14.) In den Bestimmungen des Reichsarbeitsministers über die Gewährung eines Reichszuschusses für die Instandsetzung von Gebäuden ist vorgeschrieben, daß Schwarzarbeiter nicht berücksichtigt werden dürfen und Rechnungen nur anzuerkennen sind, wenn der Gewerbebetrieb des Ausstellers polizeilich angemeldet sei. Ein Malergeselle hatte seit mehreren Jahren für einen Hausbesitzer solche Arbeiten ausgeführt. Da die hiedurch entstandenen Kosten bei der Gewährung eines Reichszuschusses nicht berücksichtigt werden konnten, vereinbarte er mit dem Gesellen, daß dieser sich selbständig machen solle. Dieser ging darauf ein, meldete sich gewerbepolizeilich an, trat auch der Malerinnung bei. Er erhielt einen Gewerbeschein und wurde in die Handwerksrolle eingetragen. Nach wie vor arbeitete er aber für den gleichen Lohn wie früher bei dem Hausbesitzer. Das Landgericht hatte angenommen, daß mit der Anmeldung die Voraussetzungen für die Gewährung eines Reichszuschusses gegeben seien. Das Reichsgericht trat dieser Auffassung nicht bei. Die Anmeldung eines Gewerbebetriebs nach der Gewerbeordnung setzt einen selbständigen Gewerbebetrieb voraus; ein solcher ist nur dann anzunehmen, wenn der Unternehmer das Gewerbe für eigene Rechnung und unter eigener Verantwortung betreibt. Wesentlich ist dabei, daß den Unternehmer die mit dem Betrieb verbundene Gefahr trifft, daß er also die etwaigen Verluste zu tragen hat; weiter, daß grundsätzlich die gewerblichen Leistungen jedem beliebigen Dritten angeboten werden, daß der Gewerbetreibende also nicht persönlich oder wirtschaftlich von einem einzelnen Auftraggeber abhängig ist. Liegen diese inneren Kennzeichen nicht vor, so wird ein Gewerbebetrieb auch dadurch nicht selbständig, daß er polizeilich angemeldet und in die Handwerksrolle eingetragen wird. Die Sache wurde zurückverwiesen. (III, 19. April 1937.)

Amtl. Sammlg. S. 190—192.

75. Urkundenfälschung. Polizeibehörde. (StGB. § 267.) Die Bescheinigung einer Polizeibehörde, daß eine bestimmte Person vor ihr die Unterschrift unter einem Schriftstück vollzogen habe, ist eine öffentliche Urkunde. Diese Art der Beglaubigung beruht auf einer ständigen Verwaltungsübung; in Preußen werden dafür auch Gebühren erhoben. Der Bescheinigung kommt öffentlicher Glaube zu. (III, 19. April 1937.) Amtl. Sammlg. S. 193.

76. Brandstiftung. Beihilfe durch Unterlassen. Entsprechende Anwendung. (StGB. §§ 2, 49, 306, 308, 309.) A. war Besitzerin eines Erbhofes. Ihre Mutter, G., legte in der dazugehörigen Scheune Feuer an. Als A. wahrnahm, daß das Stroh brannte, lief sie zum Amtsvorsteher und meldete diesem den Brand. Inzwischen ergriff das Feuer das Gebäude. Das Landgericht nahm an, daß A. weder vorsätzlich noch mit bedingtem Vorsatz noch fahrlässig den Brand verursacht habe; da aber ihre Tat einer fahrlässigen Brandstiftung sehr ähnlich war, wurde sie hiewegen verurteilt. Das Reichsgericht verwies die Sache zurück. § 2 StGB. war zu Unrecht angewandt worden. Die Anwendung setzt voraus, daß die Tat nach dem Grundgedanken eines Strafgesetzes und nach gesundem Volksempfinden Bestrafung verdient; damit ist die selbstverständliche Forderung aufgestellt, daß dem Angeklagten eine Schuld, Vorsatz oder Fahrlässigkeit, nachgewiesen sein muß. Die Angeklagte hätte aber wegen Beihilfe zur Brandstiftung verurteilt werden können. Das Landgericht hatte angenommen, die Tat der G. sei schon vollendet gewesen, als A. sie entdeckte, und darum scheide Beihilfe aus. Ein Gebäude ist aber erst dann in Brand gesetzt, wenn es vom Feuer derart ergriffen ist, daß es auch nach Entfernung des Zündstoffs selbständig weiterbrennt. Dieses Merkmal war für den Zeitpunkt, in dem A. den Ausbruch des Feuers entdeckte, nicht nachgewiesen. Da das Gebäude gegen Brandschaden versichert war, hatte A. als Versicherte die Pflicht, den Brand zu löschen. Auch als Erbhofbäuerin war sie dazu verpflichtet; die Ernährungslage des deutschen Volkes läßt es nicht zu, daß die Ziele der Reichsregierung, die durch die Erbhofgesetzgebung und die späteren Gesetze verfolgt werden, durch das Inbrandsetzen landwirtschaftlicher Gebäude beeinträchtigt werden. Diese Rechtspflicht hatte A. durch Unterlassung verletzt. (II, 22. April 1937.) Amtl. Sammlg. S. 193—196. Vgl. Bd. 40 S. 321; Bd. 58 S. 14; Bd. 64 S. 273; JW. 1934 S. 837.

77. **Blutschande. Unzüchtige Handlung. Entsprechende Anwendung.** (StG. §§ 2, 173.) Ein Mann nahm mit seiner erwachsenen Tochter unzüchtige Handlungen vor; zu einem Vollzug des Beischlafs kam es nicht. Das Landgericht lehnte eine Verurteilung wegen Blutschande ab. Die Revision des Staatsanwalts hatte keinen Erfolg. Sie war damit begründet, daß die beiden Angeklagten gegen die Reinheit der Familie, die durch die Bestrafung der Blutschande geschützt werden sollte, in einer Weise verstoßen hätten, die nach gesundem Volksempfinden Strafe erforderte. Der Richter darf aber den Grundgedanken eines Strafgesetzes nicht so verallgemeinern, daß die Verbindung mit dem gesetzlichen Tatbestand völlig verloren geht. Das wäre der Fall, wenn die Vorschrift über Blutschande, die nur den Beischlaf zwischen Verwandten auf- und absteigender Linie unter Strafe stellt, auf alle unzüchtigen Handlungen zwischen solchen Personen ausgedehnt würde. (V, 22. April 1937.) Amtl. Sammlg. S. 196—197. Vgl. Bd. 68 S. 365.

78. **Diebstahl aus einem verschlossenen Wagen. Entsprechende Anwendung.** (StGB. §§ 2, 243.) Aus einem verschlossenen Kraftwagen, der auf der Straße stand, wurden Aktenmappen in der Weise gestohlen, daß das lederne Verdeck aufgeschnitten wurde. Das Landgericht verurteilte wegen schweren Diebstahls nach § 243 Nr. 2 StGB. (Diebstahl aus einem umschlossenen Raum), indem es diese Vorschrift gemäß § 2 StGB. entsprechend anwandte. Das Reichsgericht entschied, daß § 243 Nr. 4 (Diebstahl eines Beförderungsgegenstandes) hätte angewandt werden sollen. Der Wagen war nicht nur Beförderungsmittel, sondern auch Verwahrungsmittel; er stand auf einer öffentlichen Straße und die Tasche war Gegenstand der Beförderung.

Es bestand also kein Bedürfnis zu einer entsprechenden Gesetzesanwendung. (IV, 23. April 1937.)

Amtl. Sammlg. S. 198.

Vgl. Bd. 53 S. 277; JW. 1936 S. 2806.

79. Kuppelei. Zuhälterei. Tateinheit. Gesetzeseinheit. (StGB. §§ 73, 181, 181 a; GewVerbrG. Art. 3 Nr. 14.) Im früheren Recht war die Zuhälterei mit Gefängnis nicht unter einem Monat, die schwere Zuhälterei (Zuhälterei des Ehemanns gegenüber der Ehefrau) aber mit Gefängnis nicht unter einem Jahr bedroht. Gegenüber der schweren Kuppelei (Verkuppelung der Ehefrau durch den Ehemann) bildete die schwere Zuhälterei eine Sonderstraftat und schloß die Anwendung der für diese vorgesehenen Strafvorschrift (Zuchthaus bis zu 5 Jahren) kraft Gesetzes aus. Durch das Gesetz gegen die Gewohnheitsverbrecher ist aber die Zuhälterei gemeinhin zu einem Verbrechen gestaltet worden; die Zuhälterei des Ehemanns ist nicht mehr aus dem allgemeinen Tatbestand der Zuhälterei herausgehoben. Damit ist der Grund weggefallen, die schwere Zuhälterei als einen Sondertatbestand gegenüber der schweren Kuppelei anzusehen, soweit die Tat gegenüber der Ehefrau des Täters verübt wird. Der Tatbestand der Zuhälterei ist enger als jener der schweren Kuppelei, indem zu dieser gewohnheitsmäßiges oder eigennütziges Handeln gehört, aber auch weiter, indem er alle männlichen Personen schlechthin umfaßt. Es geht also nicht mehr der Tatbestand der einen Vorschrift in dem der anderen als der allgemeineren in dem engeren auf; vielmehr überschneiden sich die Tatbestände und können daher in das Verhältnis der Tateinheit zueinander treten. Die Strafe ist aus § 181 StGB. als dem schwereren Strafgesetz zu schöpfen. (IV, 23. April 1937.) Amtl. Samml. S. 199—200.

Vgl. Bd. 39 S. 29.

80. Schwere Führerflucht. Hilflose Lage. Entsprechende Anwendung. Hilfeleistungspflicht. (StGB. §§ 2, 330 c; KraftFahrzG. §§ 7, 22.) Der Führer eines Kraftwagens stieß in der Dunkelheit mit zwei Radfahrerinnen zusammen; die eine wurde durch den Zusammenstoß auf der Stelle getötet, die andere blieb unverletzt. Obwohl die in seinem Wagen befindliche Person ihn aufforderte, anzuhalten und Hilfe zu leisten, fuhr er weiter, ohne sich umzusehen. Er wurde wegen fahrlässiger Tötung und einfacher Führerflucht verurteilt, von der Anklage der schweren Führerflucht aber freigesprochen mit der Begründung, daß der Tatbestand (vorsätzliches Verlassen einer bei dem Unfall verletzten Person in hilfloser Lage) nicht erfüllt sei, da die eine Radfahrerin sofort tot war, die andere aber nicht verletzt worden war und keiner Hilfe bedurfte. Das Reichsgericht verwies die Sache zurück. Der Tatbestand der Führerflucht war allerdings nicht erfüllt. Eine hilflose Lage ist gegeben, wenn die durch den Unfall verletzte Person sich nicht aus eigener Kraft helfen kann und an Leben und Gesundheit gefährdet ist, wenn nicht ein rettender Zufall eintritt. Die hilflose Lage dauert solange an, als nicht die Gewißheit besteht, daß der verletzten Person wirklich Hilfe wird. Es ist nicht entscheidend, ob bei der verletzten Person auch andere Personen sind, sofern nicht gewiß, daß sie ihr Hilfe leisten. Daß die hilflose Lage durch das Verlassen geschaffen wird, ist nicht erforderlich; es genügt, daß sie durch den Unfall hervorgerufen worden ist. Voraussetzung ist aber, daß der Verletzte, als ihn der Täter verließ, noch gelebt hat; bei einem Toten kann von einer hilflosen Lage keine Rede sein. Zu einer entsprechenden Anwendung der Vorschrift des §§ 22 Abs. 2 KraftFahrzG. nach § 2 StGB. bestand kein Anlaß, weil auf die Tat des Angeklagten § 330 c StGB. anwendbar war und eine Bestrafung ermöglichte, die dem Unrechtsgehalt der Tat entsprach. Nach dieser Vorschrift wird bestraft, wer bei Unglücksfällen nicht Hilfe leistet, obwohl das nach gesundem Volksempfinden seine Pflicht ist. Diese Pflicht hat nicht zur Voraussetzung, daß eine bei einem Unfall verletzte Person sich in hilfloser Lage befindet; sie besteht bei jedem Unglücksfall (d. h. bei einem plötzlich eintretenden Ereignis, das einen erheblichen Schaden verursacht und weiteren Schaden zu verursachen droht), also bei einer Gefahr für Leib oder Leben, sei es auch nur eines einzelnen Menschen, oder für bedeutende Sachwerte, deren Vernichtung gegen das Gemeinwohl verstößt; die Pflicht, Hilfe zu leisten, ist nicht davon abhängig, daß der Täter einer polizeilichen Aufforderung keine Folge geleistet hat, vielmehr genügt, daß das Versagen der Hilfeleistung mit dem Sittengebote der völkischen Gemeinschaftsordnung unverträglich ist. Das traf im vorliegenden Falle zu. Der Angeklagte hatte die Pflicht, für die Sicherung der Leiche der ge-

töteten Radfahrerin zu sorgen, sich der anderen Radfahrerin anzunehmen, die durch den Zusammenstoß für andere Verkehrsteilnehmer entstandenen Gefahren zu beseitigen. Er konnte sich nicht darauf berufen, daß sein rücksichtsloses Weiterfahren keine weiteren Folgen nach sich gezogen habe. Das Unterlassen der Hilfeleistung wird wegen der rücksichtslosen Gesinnung bestraft, die in ihm zutage getreten ist, unabhängig davon, welche Folgen es gehabt hat. Bedingter Vorsatz genügt. (II, 26. April 1937.)
Amtl. Sammlg. S. 200—204.
Vgl. Bd. 1 S. 111; JW. 1936 S. 3472.

81. **Beisitzer im Schwurgericht.** (GVG. §§ 63, 64, 64 a, 83.) Der Präsident eines Landgerichts bestimmte die jeweiligen Beisitzer der großen Strafkammer zu Beisitzern des Schwurgerichts. Das Präsidium des Gerichts teilte dieser Kammer zwei Gerichtsassessoren als Beisitzer zu; diese wirkten in einer Schwurgerichtsverhandlung mit, in der wegen Mordes auf Todesstrafe erkannt wurde. Das Reichsgericht hob das Urteil auf. Der Landgerichtspräsident hat die Beisitzer des Schwurgerichts zu ernennen, also ihrer Person nach bestimmt zu bezeichnen; dabei hat er sich darüber Rechenschaft zu geben, ob die zu Beisitzern ernannten Richter auch den besonderen Anforderungen genügen, die an sie in diesem Amte gestellt werden. Die Besetzung der Strafkammern ist nicht Sache des Präsidenten, sondern des Präsidiums; im Ergebnis hatte also der Präsident unzulässigerweise seine Aufgabe in die Hände des Präsidiums gelegt. Ob der Beschluß des Präsidiums seinem Vorschlag entsprach, war unerheblich. Das Reichsgericht hob auch noch besonders hervor, daß es bedenklich war, wenn in einer so schweren Sache als Beisitzer im Schwurgericht ausschließlich Gerichtsassessoren mitwirkten. (V, 26. April 1937.) Amtl. Sammlg. S. 204—205.
Vgl. Bd. 60 S. 410; Bd. 65 S. 399.

82. **Urkundenvernichtung. Versicherungsmarken. Gesetzeseinheit. Tateinheit.** (StGB. §§ 73, 276, 348, 349; RVersO. § 1497.) Ein Verwaltungsgehilfe einer preußischen Amtsverwaltung löste aus Versicherungskarten, die ihm amtlich anvertraut waren, Versicherungsmarken heraus und verwandte sie in anderen Karten. Er wurde wegen eines Vergehens gegen die Reichsversicherungsord-

nung verurteilt (RVersO. § 1497). Das Reichsgericht entschied, daß er eines solchen Vergehens in Tateinheit mit einem Amtsverbrechen der Urkundenvernichtung (StGB. §§ 348, 349) schuldig sei, und hob das Urteil im Strafausspruch auf. Das Landgericht hatte angenommen, daß das Amtsverbrechen in Fällen der vorliegenden Art durch die besondere Vorschrift der Reichsversicherungsordnung aufgezehrt werde. Diese Annahme stimmte mit der früheren Rechtsprechung des Reichsgerichts über die Wiederverwendung schon einmal gebrauchter Wertzeichen (StGB. § 276) überein; das Reichsgericht hat aber in neuerer Zeit diese Einstellung aufgegeben. Von § 276 StGB. unterscheidet sich allerdings § 1497 RVersO. in einem wesentlichem Punkt; während dort die tatbestandsmäßige Handlung nur in dem Wiederverwenden schon einmal gebrauchter Wertzeichen besteht, ist hier nicht nur strafbar, wer wissentlich bereits gebrauchte Versicherungsmarken wiederverwendet, sondern auch, wer sich solche Marken zur Wiederverwendung verschafft. Damit ist auch schon das Ablösen der Marken unter Strafe gestellt. Dieses Ablösen verwirklicht zugleich alle Tatbestandsmerkmale der §§ 348, 349 StGB. Das Verhältnis der beiden Vorschriften kann aber nur das der Tateinheit sein. Die Begehungsform des Sichverschaffens ist nicht etwa ein besonderer Fall der Zuwiderhandlung gegen den § 348 Abs. 2 StGB.; es kann auch auf andere Weise als durch Entnehmen von Marken aus alten Versicherungskarten geschehen. Der Tatbestand des Sichverschaffens geht also über jenen des § 348 Abs. 2 StGB. hinaus. Auf der anderen Seite braucht das Vergehen gegen § 1497 RVersO. nicht zugleich gegen § 348 Abs. 2 StGB. zu verstoßen, da es auch von jemandem begangen werden kann, dem die Versicherungskarten nicht amtlich anvertraut oder amtlich zugänglich sind. Hiernach ist es ausgeschlossen, zwischen den beiden Tatbeständen Gesetzeseinheit anzunehmen. Da der Angeklagte die Marken auch wieder verwendet hatte, war zu prüfen, in welchem Verhältnis diese Tat zu dem Verschaffen der Marken stand. Wenn es sich bei dem Verschaffen nur um eine Vorstufe des Wiederverwendens handelte, die beiden Tatbestände sich also als Gefährdungstat und Verletzungstat gegenüberstanden, würde das Beschreiten der weiteren Entwicklungsstufe die vorhergehende aufzehren. Das Reichsgericht entschied, daß ein solches Verhältnis nicht besteht. Das Sichverschaffen ist nicht immer nur eine Gefährdungstat, die das Wiederverwenden — als die eigentliche Verletzungstat — vorbereitet; es greift unter Umständen selbst schon verletzend in Versicherungsverhältnisse ein. Beide Tatbestände stehen sich also selbständig gegenüber. Regelmäßig werden sie tatmehrheitlich zusammentreffen; doch kann bei ihrer nahen inneren Verwandtschaft und der regelmäßig vorliegenden Zweckbeziehung auch Fortsetzungszusammenhang in Frage kommen, wenn der Wille des Täters von vornherein darauf gerichtet gewesen ist, beide Tatbestände nacheinander zu verwirklichen. Demnach wäre der Angeklagte wegen eines fortgesetzten Vergehens gegen § 1497 RVersO. und wegen eines damit in Tateinheit stehenden fortgesetzten Verbrechens gegen die §§ 348, 349 StGB. zu verurteilen gewesen. Den Schuldausspruch konnte das Reichsgericht von sich aus richtig stellen, da der Angeklagte schon vor dem Landgericht Gelegenheit gehabt hatte, sich nach dieser Richtung zu verteidigen. (III, 29. April 1937.)

Amtl. Sammlg. S. 205—209.

Vgl. Bd. 59 S. 321; Bd. 67 S. 401; Bd. 68 S. 136, 147, 204, 315; Bd. 70 S. 385, 400; JW. 1931 S. 3219.

83. **Zollhinterziehung. Zollpassierschein. Zollvermerkverfahren. Irrtum.** (StGB. § 59; RAbgO. §§ 395, 396; VZG. § 114.) Ein Großhändler mit Kraftwagen brachte in den Jahren 1930 und 1931 drei Kraftwagen, die er in Belgien erworben hatte, nach Deutschland, um sie hier zu verkaufen. Er legte bei der Einfuhr Zollpassierscheine (carnets) vor, die vom königlich belgischen Automobilklub ausgestellt worden waren; in diesen war als sein Wohnsitz nicht Berlin, sondern Antwerpen angegeben. Die zollfreie Einfuhr des ersten Wagens wurde von der Zollbehörde einige Monate später beanstandet; darauf wurde der Zoll nachbezahlt. Das Landgericht sprach den Angeklagten von der Anklage der Zollhinterziehung frei, weil er in unverschuldetem Irrtum gehandelt habe. Das Urteil wurde vom Reichsgericht aufgehoben; die Sache wurde zurückverwiesen. Nunmehr wurde der Angeklagte verurteilt. Seine Revision hatte keinen Erfolg. Carnets sind die vom deutschen Automobilklub oder dessen auslän-

dischen Brudervereinen ausgestellten Zollpassierscheine, die von der Zahlung, Hinterlegung oder Sicherstellung der Zollgebühren bei der Einführung von Kraftwagen befreien. Die Einrichtung hat ihre Grundlage im § 114 VZG., der bestimmt, daß der Einführende vom Eingangszoll befreit werden kann, wenn Gegenstände aus dem Auslande zu öffentlichen Ausstellungen oder zu vorübergehendem Gebrauch eingehen und demnächst wieder ausgeführt werden. Das frühere Urteil des Reichsgerichts hatte entschieden, daß die Einrichtung nur der Erleichterung des Reiseverkehrs, nicht aber der des Handelns mit Kraftwagen diene; diese Auffassung war nach § 358 St.-PO. für das weitere Verfahren bindend. Der Angeklagte hatte das nach den Feststellungen des angefochtenen Urteils gewußt, durch die Vorzeigung der carnets aber in den Zollbeamten bewußt die irrtümliche Vorstellung erweckt, daß die Wagen im Reiseverkehr nach Deutschland eingeführt würden. Aus diesem Grunde war der Wohnsitz des Angeklagten unrichtig angegeben worden. Bei der Einfuhr der zwei letzten Wagen war der Angeklagte auch schon über die Sachlage ausdrücklich aufgeklärt worden. Die Wagen hätten also beim Grenzübertritt verzollt werden müssen, wenn nicht die Verzollung aus anderem Grunde erlassen war. Der Angeklagte hatte behauptet, daß das Zollvormerkungsverfahren nach § 114 VZG. hätte eintreten müssen. Das traf nicht zu, da die Wagen weder zu öffentlichen Ausstellungen noch zu vorübergehendem Gebrauch eingeführt worden waren; sie sollten in Deutschland verkauft werden und es stand keineswegs fest, daß sie wieder ins Ausland zurückgebracht wurden. Wagen aus Vertragsländern können allerdings im Zollvormerkungsverfahren auch dann abgefertigt werden, wenn sie zu ungewissem Verkauf eingeführt werden. Das Zollvormerkungsverfahren tritt aber nur auf Antrag ein. Einen solchen Antrag hatte der Angeklagte nicht gestellt; die Zollbehörde hatte, da er Zollfreiheit verlangte, keinen Anlaß zu prüfen, ob das Vormerkungsverfahren platzgreifen konnte. Die Bürgschaft des belgischen Automobilklubs schloß die Zollhinterziehung nicht aus, weil das Reich einen Anspruch darauf hatte, daß der Angeklagte den Zoll sofort bar bezahle. (II, 3. Mai 1937.)

Amtl. Sammlg. S. 209—214.

84. **Zusammenhang.** (StPO. § 357.) D., der eine Krankenkasse zu verwalten hatte, gab aus deren Mitteln, ohne dazu berechtigt zu sein, Darlehen an O. und P. Er wurde wegen fortgesetzter Untreue und Unterschlagung verurteilt, O. und P. wegen Beihilfe dazu. O. legte Revision ein. Für die Darlehensgewährungen an ihn waren auf Seite des D. die Tatbestandsmerkmale der Untreue und Unterschlagung nicht dargetan; demgemäß wurde das Urteil gegen O. und auch gegen D. aufgehoben. Es fragte sich, ob es auch in der Richtung gegen P. aufgehoben werden mußte. Die Frage wurde verneint. § 357 StGO. ist eine Billigkeitsvorschrift, die verhindern soll, daß bei sonst gleicher Lage ein Angeklagter, der Revision einlegt, ein günstigeres Ergebnis erzielt als ein Mitangeklagter, der sich beim ersten Urteil beruhigt. Es war also zu prüfen, ob P. voraussichtlich Erfolg gehabt hätte, wenn er Revision eingelegt hätte. Für eine solche Annahme lag kein Grund vor. P. war an den Darlehen, die D. dem O. gegeben hatte, in keiner Weise beteiligt. Bei den Darlehen, die ihm gegeben worden waren, bestanden die Bedenken nicht, die zur Aufhebung des Urteils gegenüber O. und demzufolge auch gegenüber D. geführt hatten. Nach den Feststellungen des Urteils hätte er nicht wegen Beihilfe, sondern wegen Anstiftung verurteilt werden sollen; das war ein Bedenken, das nur zu seinen Ungunsten wirkte. (I, 7. Mai 1937.)

Amtl. Sammlg. S. 214—216.

Vgl. Bd. 70 S. 229.

85. **Steuerhinterziehung. Steuerunehrlichkeit. Verminderte Zurechnungsfähigkeit. Unterbringung.** (StGB. §§ 42, 42b, 51; RAbgO. § 396.) Zum Tatbestand der Steuerhinterziehung genügt es nicht, daß der Täter vorsätzlich Steuereinnahmen verkürzt; vielmehr muß hinzutreten, daß diese Verkürzung die Folge einer Steuerunehrlichkeit ist. Dazu gehört, daß der Täter die Steuerbehörde in einen Irrtum über das Bestehen oder die Höhe des Steueranspruchs versetzt oder sie darin erhält. Das angefochtene Urteil hatte festgestellt, daß der Angeklagte bestrebt gewesen war, den Steuerbehörden alle möglichen Schwierigkeiten zu bereiten, wenn sie pflichtgemäß die Steueransprüche gegen ihn durchzuführen suchten. Das reichte zu seiner Verurteilung wegen Steuerhinterziehung

nicht aus, wenn dem Finanzamt Steuerpflicht und Steuerhöhe bekannt war und der Angeklagte das auch wußte. Der Angeklagte war für gemindert zurechnungsfähig erachtet worden; das Landgericht hatte aber davon abgesehen, seine Unterbringung in eine Heil- oder Pflegeanstalt anzuordnen, weil es nicht vollkommen ausgeschlossen sei, daß eine Gefängnisstrafe auf den Angeklagten dahin einwirken werde, sich straffrei zu verhalten. Diese Begründung reichte nicht aus, von der Maßnahme abzusehen; vielmehr erfordert die öffentliche Sicherheit, die Unterbringung anzuordnen, wenn mit Wahrscheinlichkeit zu erwarten ist, daß sich der Täter durch eine Bestrafung nicht abhalten lassen werde, weitere erhebliche Straftaten zu begehen. (III, 13. Mai 1937.) Amtl. Sammlg. S. 216—218. Vgl. Bd. 61 S. 81, 186; Bd. 63 S. 95; Bd. 70 S. 10.

86. **Verminderte Zurechnungsfähigkeit. Unterbringung. Sicherungsverfahren. Strafantrag.** (StGB. §§ 42 b, 51, 185, 194, 196; StPO. § 429 a.) Ein Wohlfahrtsrentner verlangte in einer Eingabe die Erhöhung seiner Rente; das Schreiben enthielt Beleidigungen des Wohlfahrtsamtes und Drohungen. In dem daraufhin eingeleiteten Strafverfahren wurde festgestellt, daß durch die Eingabe der Tatbestand der versuchten Erpressung und der Beleidigung erfüllt sei; der Angeklagte wurde aber nicht für zurechnungsfähig erachtet und seine Unterbringung in einer Heil- oder Pflegeanstalt angeordnet. Seine Revision hatte keinen Erfolg. Wegen Beleidigung konnte der Angeklagte allerdings nicht verfolgt werden, weil kein Strafantrag gestellt war. Das Vorliegen des erforderlichen Strafantrags ist eine Verfahrensvoraussetzung, deren Vorhandensein in jeder Lage des Verfahrens von Amts wegen zu prüfen ist. Ist der Antrag bis zum Zeitpunkt der richterlichen Entscheidung nicht gestellt, so muß das Verfahren ohne Entscheidung in der Hauptsache eingestellt werden; auch die Anordnung einer bloßen Maßregel der Sicherung und Besserung ist unzulässig. Ob es sich dabei um das ordentliche Strafverfahren oder um das besondere Sicherungsverfahren handelt, macht keinen Unterschied. Das Sicherungsverfahren kann in das ordentliche Verfahren übergeführt werden; würde in dem Sicherungsverfahren die Zurechnungsfähigkeit des Angeklagten nachgewiesen, so müßte es in das ordentliche Verfahren

übergeleitet, dieses aber alsbald eingestellt werden. Eine derartige Regelung kann aber der Gesetzgeber nicht gewollt haben. Auch wenn nur eine Sicherungsmaßnahme angeordnet werden soll, sind die für den inneren Tatbestand bedeutsamen Regungen und Vorstellungen des Angeklagten, aus denen die Tat hervorgegangen ist, soweit nachzuprüfen, als das bei der Geistesverfassung des Angeklagten möglich ist. Der Sachverhalt, den das Landgericht festgestellt hatte, ergab jedoch, daß ein Vergehen der Beamtennötigung vorlag (StGB. § 114). Bei der Prüfung der Frage, ob hienach eine Unterbringung des Angeklagten veranlaßt war, konnte auch die von ihm begangene Beleidigung in den Kreis der Erwägungen einbezogen werden; hierfür kam es nur darauf an, ein Bild von der Persönlichkeit des Angeklagten und davon zu gewinnen, inwieweit durch ihn die öffentliche Sicherheit gefährdet war. (III, 13. Mai 1937.)

Amtl. Sammlg. S. 218—221.

Vgl. Bd. 68 S. 351, Bd. 70 S. 127; JW. 1935 S. 532, 2368.

87. **Falsche Anschuldigung. Entsprechende Anwendung.** (StGB. §§ 2, 164.) An eine Gauleitung der NSDAP. wurde eine Eingabe gerichtet, die unwahre Anschuldigungen gegen ein hervorragendes Parteimitglied enthielt; der Zweck war, ein Einschreiten der Parteistellen herbeizuführen. Das Landgericht (als Berufungsgericht) sprach ihn frei. Der Staatsanwalt legte Revision zum Reichsgericht ein, weil § 2 StGB. nicht angewendet worden sei. Das Reichsgericht verwies die Sache zurück. Allerdings ist die Gauleitung keine Behörde; ihre Maßnahmen beschränken sich nach Ziel und Wirkungen auf die Partei und ihre Angehörigen, berühren aber Zwecke des Staates nicht unmittelbar. Dem § 164 StGB. liegt aber der Rechtsgedanke zugrunde, daß die Amtstätigkeit öffentlicher Machtträger gegen Mißbrauch geschützt und damit zugleich unbegründeten Maßnahmen gegen unschuldig verdächtigte Personen vorgebeugt und diesen ein verstärkter Ehrenschutz gewährt werden soll. In derselben Weise kann aber auch die Gauleitung als Parteidienststelle bei der Erfüllung der ihr übertragenen Aufgaben Schutz gegen Mißbrauch und Irreleitung beanspruchen. Sie hat einen so weitgehenden Einfluß auf

den Lebenskreis der ihr unterstellten Parteigenossen, ihr Einschreiten kann für den davon Betroffenen so schwerwiegende Folgen haben, daß ein Verfahren, das sie einleitet, im Rahmen des § 164 StGB. dem von einer staatlichen Behörde eingeleiteten, sehr wohl gleichgestellt werden kann. Eine Verfolgung wegen Beleidigung schied aus, da kein Strafantrag gestellt war. Ob die Möglichkeit einer solchen Verfolgung der Anwendung des § 2 StGB. entgegengestanden wäre, blieb unentschieden. (I, 28. Mai 1937.) Amtl. Sammlg. S. 221—223. Vgl. Bd. 70 S. 356, 362; JW. 1936 S. 3473; 1937 S. 754.

88. **Vernachlässigung der Unterhaltspflicht. Entsprechende Anwendung.** (StGB. § 361 Nr. 10). Der Vater eines unehelichen Kindes entzog sich trotz behördlicher Aufforderung seiner Unterhaltspflicht. Es mußte fremde Hilfe für das Kind in Anspruch genommen werden. Von der hiewegen erhobenen Anklage wurde der Angeklagte freigesprochen, weil die Hilfe nicht durch das hiefür zuständige Jugendamt vermittelt worden war. Die Revision des Staatsanwalts hatte keinen Erfolg. § 2 StGB. verfolgt den Zweck, unbeabsichtigte Lücken des Gesetzes zu schließen und Fälle zu erfassen, auf die der Wortlaut des Gesetzes an sich nicht zutrifft, die aber der Gesetzgeber vermutlich hätte treffen wollen, wenn er bei der Abfassung des Gesetzes an sie gedacht hätte; dagegen gestattet die Vorschrift nicht, die Grenzen zu überschreiten, die der Gesetzgeber bewußt gezogen hat. Im § 361 Nr. 10 StGB. ist als Tatbestandsmerkmal ausdrücklich aufgestellt, daß die Behörde eingeschritten sein muß, um Hilfe zu verschaffen; die Vorschrift soll dazu beitragen, die Hilfevermittlung durch die Behörde auf wirkliche Notfälle zu beschränken. Fehlt es an dieser Vermittlung, so entfällt der Zweck des Gesetzes. (III, 3. Juni 1937.) Amtl. Sammlg. S. 223—225.

89. **Falschbeurkundung.** (StGB. § 348.) Der Urkundsbeamte eines Amtsgerichts nahm einen Antrag auf Ehelichkeitserklärung eines unehelichen Kindes entgegen, ließ dann aber die Sache liegen. Als der Antragsteller nach etwa einem Jahre bei ihm vorstellig wurde, erteilte er ihm eine Ausfertigung einer Verfügung des Landesgerichtspräsidenten, wonach dem Antrag statt-

gegeben wurde. Eine solche Verfügung war nicht ergangen; dem Landgerichtspräsidenten war der Antrag nicht vorgelegt worden. Die Verurteilung wegen Falschbeurkundung wurde bestätigt. Es war ihr entgegengehalten worden, daß die Erteilung der Ausfertigung nicht als Aufnahme einer Urkunde angesehen werden könne. Von Aufnahme einer Urkunde spricht man aber auch, wenn ein Beamter Wahrnehmungen, die er in seiner amtlichen Eigenschaft gemacht hat, zum Zweck des Beweises urkundlich feststellt. Bei der Erteilung der Ausfertigung bestätigte der Angeklagte, daß ihm eine Urkunde dieses Inhalts vorgelegen habe. Das Reichsgericht ließ dahingestellt, ob die Unterscheidung zwischen Aufnehmen und Ausstellen öffentlicher Urkunden überhaupt noch aufrecht zu erhalten ist. Für die Erteilung der Ausfertigung war der Angeklagte auch sachlich zuständig. Wenn auch die Entscheidung über das Gesuch dem Landesgerichtspräsidenten zukam, so war es doch Sache des Amtsgerichts, den Antragsteller zu verständigen und ihm eine Ausfertigung der Entscheidung zukommen zu lassen. Ob diese Aufgabe nach der inneren Geschäftsverteilung des Amtsgerichts den Angeklagten getroffen hätte, war gleichgültig. (III, 10. Juni 1937.)

Amtl. Sammlg. S. 224—227.

Vgl. Bd. 1 S. 312; Bd. 9 S. 240.

90. **Vollstreckungsvereitelung. Forderungsabtretung. Offenbarungseid.** (StGB. §§ 153, 288.) Der Eigentümer einer Dreschmaschine, der mit dieser Drescharbeiten ausführte, geriet in Bedrängnis, da er die Maschine nur teilweise bezahlt hatte. Er vereinbarte mit dem Verkäufer der Maschine, daß ein Teil seiner Dreschlohnforderungen unmittelbar an diesen bezahlt werden sollte. Die Annahme, daß er dadurch anderen Gläubigern den Zugriff auf diese Forderungen in unzulässiger Weise vereitelte, wurde vom Reichsgericht nicht gebilligt. Ein strafbares Veräußern oder Beiseiteschaffen künftig entstehender Forderungen ist zwar rechtlich denkbar, wenn diese zur Zeit der Abtretung schon genügend bestimmt sind; das trifft aber nur zu, wenn an Stelle der Forderungen kein oder doch kein pfändbarer Gegenwert in das Vermögen des Schuldners gelangt. Die Verurteilung des Angeklagten war also jedenfalls dann ausge-

schlossen, wenn die Vereinbarung schon beim Kauf der Dreschmaschine getroffen worden wäre. Aber auch durch eine spätere Vereinbarung dieser Art brauchte sich der Angeklagte nicht strafbar gemacht zu haben. Zur Auslegung des § 288 StGB. sind die §§ 239 ff. KO. heranzuziehen; der dort für den Konkursfall der Gesamtheit der Gläubiger gewährte Strafschutz soll durch diese Vorschrift auf die Fälle der Einzelvollstreckung ausgedehnt, nicht aber inhaltlich erweitert werden. Will ein Schuldner die Befriedigung eines Gläubigers dadurch vereiteln, daß er Gegenstände seines Vermögens einem anderen Gläubiger zuwendet, so ist er demnach nur dann strafbar, wenn er diesem Gläubiger eine Sicherung oder Befriedigung gewährt, die dieser nicht oder nicht in der Art oder nicht zu der Zeit beanspruchen kann. Wird nur die geschuldete Leistung bewirkt, so begründet die bloße Absicht, einen Gläubiger vor anderen zu begünstigen, keine Strafbarkeit des Schuldners. Das gilt auch, wenn der Schuldner Forderungen einzieht und dadurch den Gläubigern den Zugriff auf diese unmöglich macht; das eingezogene Geld gelangt ja in das Vermögen des Schuldners. Ob Maßnahmen, die er dann mit dem Gelde vornimmt, strafbar sind, ist eine andere Frage. Bei der Leistung des Offenbarungseides hatte der Angeklagte angegeben, daß er Dreschlohnforderungen, die etwa 150 *RM* betrugen, an seinen Gläubiger abgetreten habe, um diesen für seine Forderungen aus der Lieferung von Bindegarn zu sichern, die ungefähr ebenso hoch gewesen seien. Hier lag eine Verletzung der Eidespflicht in doppelter Richtung vor: Die Abtretung hatte nicht stattgefunden, die Forderung des Gläubigers betrug nur etwas über 100 *RM*. Zwar hat grundsätzlich der Schuldner bei Leistung des Offenbarungseides nur den Bestand seines Vermögens, nicht seiner Schulden anzugeben; behauptet er aber von einer im Vermögensverzeichnis angegebenen Forderung, sie sei zur Sicherung an einen Gläubiger abgetreten worden, so erstreckt sich seine Offenbarungspflicht auch darauf, ob seine Schuld an diesen Gläubiger die Höhe seiner Forderung erreicht. Soweit sie hinter der abgetretenen Forderung zurückbleibt, gehört die Forderung noch zu seinem Vermögen. Eine Forderung des Schuldners stellt auch dann einen gegenwärtigen Vermögenswert dar, wenn sie erst künftig fällig wird oder erst künftig (nach der Lieferung von Waren) entsteht, sofern die rechtliche Grundlage für die Entstehung zur Zeit der Eidesleistung schon geschaffen und in sichere Nähe gerückt ist. Das gleiche muß entsprechend auch für Schulden des Offenbarungsschuldners gelten, zu deren Sicherung dem Gläubiger ein zum Vermögen des Schuldners gehöriger Gegenstand übereignet oder abgetreten worden ist. Bei der Leistung des Offenbarungseides war dem Angeklagten aufgetragen worden, die Namen seiner Schuldner, die im Verzeichnis nicht angegeben waren, nachzubringen; er hatte das nicht getan. Das Reichsgericht entschied, daß hierin kein Veräußern oder Beiseiteschaffen, sondern höchstens ein Verheimlichen von Vermögensstücken zu erblicken war, daß dieser Ungehorsam also nicht genügte, um ihn nach § 288 StGB. strafbar zu machen. (III, 10. Juni 1937.) Amtl. Sammlg. S. 227—230. Vgl. Bd. 9 S. 231; Bd. 19 S. 25; Bd. 26 S. 9; Bd. 45 S. 429, 432; Bd. 61 S. 108; Bd. 62 S. 152, 278; Bd. 66 S. 131.

91. **Parteiverrat.** (StGB. § 356). Ein Rechtsanwalt vertrat einen Bauern (B.) bei der Übernahme des Anwesens von seiner Mutter (Frau S.) im Jahre 1932 und auch später. Ein Müller (K.) hatte Forderungen gegen Frau S. gehabt, für die zufolge der Übernahme B. aufzukommen hatte. B. legte dem Rechtsanwalt dar, daß er K. veranlassen wolle, die Forderung gegen Frau S. einzuklagen und beizutreiben, damit auf diese Weise seine Schuld vermindert würde. Der Rechtsanwalt billigte den Plan und erhob im November für K. gegen Frau S. Klage; gleichzeitig erwirkte er aber im Auftrage des K. gegen B. einen Zahlungsbefehl und Vollstreckungsbefehl wegen derselben Forderung. Zu einer Vollstreckung kam es nicht. Im März 1934 stellte der Rechtsanwalt für B. den Antrag auf Einleitung des Entschuldungsverfahrens; bei dieser Gelegenheit gab er die Forderung des K. gegen B. mit 561 *RM* an. Während des Entschuldungsverfahrens meldete er für K. dessen Forderung mit 442 *RM* an. Es kam dann zu einem Abkommen zwischen B. und K., daß die Forderung des K. am Entschuldungsverfahren nicht beteiligt sei. Der Rechtsanwalt hatte mit K. wiederholt über die Sache gesprochen, es aber abgelehnt, für

ihn gegen B. eine Klage auf Feststellung der Nichtbeteiligung am Entschuldungsverfahren zu erheben oder mit B. hierüber zu verhandeln. Im Mai 1936 erhob er namens des K. wegen aller Forderungen, die dieser gegen B. zu haben behauptete, Klage. Das führte zur Erhebung einer Anklage gegen ihn wegen Parteiverrat. Er wurde wegen fortgesetzten Parteiverrats verurteilt. Das Reichsgericht verwies die Sache zurück.

a) Die Erwirkung eines Zahlungsbefehls gegen B. während des Schwebens der Klage gegen K. konnte eine Pflichtwidrigkeit des Angeklagten enthalten; es war aber auch denkbar, daß ein Anwalt, ohne gegen seine Standespflichten zu verstoßen, mehrere Parteien, die unter sich widerstreitende Interessen haben, in einem Rechtsstreit vertritt, in dem sie auf Grund eines gemeinsamen Interesses eine Rechtsfrage gegenüber einem Dritten austragen wollen. Es war nicht ausgeschlossen, daß K. seine Einwilligung in den Plan, die Forderung im Interesse des B. zunächst gegen Frau S. einzuklagen, davon abhängig machte, daß gleichzeitig ein Zahlungs- und Vollstreckungsbefehl gegen B. erwirkt, aber nicht vollstreckt werde, sei es, um nach außen Frau S. gegenüber den eigentlichen Zweck des Rechtsstreits zu verdecken, sei es, um für den Fall gesichert zu sein, daß er mit der Klage gegen Frau S. nicht zum Ziele komme. Das Urteil ließ auch eine Stellungnahme zu der Frage vermissen, wieweit B. mit der Geltendmachung der Forderung gegen ihn einverstanden war. Der Widerstreit der Interessen muß schon zur Zeit der Tat vorliegen; die Möglichkeit, daß es später zwischen B. und K. zu einem Streit über die Frage der Haftung und Höhe der Forderung kommen konnte, genügte nicht, um die Anwendung des § 356 StGB. zu rechtfertigen. Als Rechtssache im Sinne dieser Vorschrift ist der Kreis der Rechtsinteressen anzusehen, die der Auftraggeber dem Anwalt anvertraut hat. Unzureichend war es, wenn das Urteil ausführte, dieser Kreis sei für den Angeklagten zunächst die Betreuung des B. gewesen, soweit dieser seine Schuld durch Klage und Zwangsvollstreckung des K. gegen Frau S. verringern lassen wollte; es hätte eingehender Darlegungen darüber bedurft, welche Vereinbarungen hierüber zwischen B. und K. getroffen und wieweit diese dem Angeklagten bekannt geworden waren.

Zum inneren Tatbestand gehört, daß der Täter die Tatsachen kennt, aus denen sich ergibt, daß er pflichtwidrig beiden Parteien in derselben Sache dient. Es genügt nicht, daß er diese Tatsachen bei entsprechender Sorgfalt hätte erkennen müssen; das kann nur für ein ehrengerichtliches Verfahren ausreichen.

b) Das Landgericht hatte keinen Verstoß gegen § 356 StGB. darin gefunden, daß der Angeklagte die Forderung des K. zum Entschuldungsverfahren anmeldete, obwohl er vorher durch die Stellung des Antrags auf Eröffnung des Entschuldungsverfahrens für B. tätig geworden war; es hatte angenommen, daß es sich hiebei um eine rein formale Tätigkeit handelte, die es nicht nötig machte, auf den Bestand der Forderung oder ihre Beteiligung am Verfahren einzugehen. Dieser Auffassung trat das Reichsgericht bei. Ob der Angeklagte K. auch noch beriet, als feststand, daß B. seine Vermittlung zur Herbeiführung eines Ausgleichs nicht wünsche, stand nicht fest. Das Landgericht hatte angenommen, er habe an der Verhandlung über das Abkommen nicht teilgenommen, weil er die Pflichtwidrigkeit seines Vorgehens erkannte; es war aber nicht geprüft worden, ob dieses Fernbleiben nicht darin seinen Grund hatte, daß er nicht pflichtwidrig handeln wollte.

c) Die Forderungen, die der Angeklagte im Jahre 1936 für K. gegen B. einklagte, waren von B. im Jahre 1934 anerkannt worden. Hienach war ein Interessengegensatz zwischen B. und K. auch dann nicht anzunehmen, wenn der Angeklagte vor Erhebung der Klage mit B. über diese Forderungen gesprochen hatte.

Keinesfalls war die Annahme eines Fortsetzungszusammenhangs gerechtfertigt. Zu einem solchen gehört ein Vorsatz, der von vornherein nicht nur auf die erste, sondern auf mehrere Handlungen gerichtet ist und das Ziel, das durch die einzelnen Handlungen erreicht werden soll, in seinem Ergebnis umfaßt. Ein solcher Vorsatz wäre anzunehmen gewesen, wenn der Angeklagte von allem Anfang an fortdauernd bei den einzelnen Handlungen von dem einheitlichen Willen geleitet worden wäre, die zwischen Frau S., B. und K. schwebenden Streitigkeiten gewinnbringend für sich auszunutzen, selbst wenn er in derselben Sache sowohl für die eine wie für die andere

Partei unter Verletzung seiner Standespflichten tätig werden müßte. Die Annahme eines solchen Vorsatzes, der ein hohes Maß von Pflichtvergessenheit voraussetzen würde, hätte sorgfältiger Begründung bedurft. (II, 29. April 1937.) Amtl. Sammlg. S. 231—242. Vgl. Bd. 23 S. 60; Bd. 60 S. 298.

92. **Rücktritt vom Versuch. Entdeckung.** (StGB. § 46.) Ein Mädchen gab seinem zwei Monate alten, unehelichen Kinde Essigsäure, um es zu töten. Als das Kind schrie, wischte sie ihm den Mund aus und flößte ihm Milch ein, um die Folgen abzuwenden. Sie wurde wegen versuchten Mordes verurteilt. Die Annahme strafbefreienden Rücktritts vom Versuch wurde abgelehnt mit der Begründung, daß ein im Zimmer anwesendes 14jähriges Mädchen die Tat beobachtet habe. Das Reichsgericht verwies die Sache zurück. Zum Rücktritt vom vollendeten Versuch gehört neben der Freiwilligkeit des Handelns, daß der Täter den Erfolg durch eigene Tätigkeit in einem Zeitpunkt abwendet, in dem die Handlung noch nicht endeckt ist. Als Entdeckung kann aber nicht jede Beobachtung der Tat angesehen werden; der Beobachter muß sich auch klar darüber werden, daß eine strafbare Handlung in Frage steht, auch wenn er sich keine richtige Vorstellung über die rechtliche Beurteilung der Tat macht. Seine Erkenntnis muß soweit reichen, daß er den Erfolg der Tat verhindern kann oder daß auf seine Wahrnehmung ein strafrechtliches Verfahren gestützt werden kann. Ob er trotz seiner Wahrnehmung untätig bleibt, ist ohne grundsätzliche Bedeutung. Immerhin hätte geprüft werden müssen, ob das Mädchen sich zu anderen Personen über seine Wahrnehmungen äußerte; wenn es das nicht tat, konnte darin ein Beweisanzeichen gegen die Annahme einer Entdeckung gefunden werden. (I, 28. Mai 1937.) Amtl. Sammlg. S. 242—244. Vgl. Bd. 1 S. 375; Bd. 3 S. 93; Bd. 38 S. 402; Bd. 62 S. 303; Bd. 66 S. 61.

93. **Blutschutz. Strafbemessung.** (BlutSchG. §§ 2, 5.) Ein Jude, der mit einem deutschblütigen Mädchen schon seit dem Jahre 1934 ein Liebesverhältnis hatte, und auch nach dem Erlaß der Rassengesetzgebung den Geschlechtsverkehr mit ihm fortsetzte, wurde hiefür zu einer Gefängnisstrafe verurteilt. Das Reichsgericht verwies die

Sache zurück. Das Landgericht hatte als strafmildernd angesehen, daß der Angeklagte die Absicht hatte, das Mädchen zu heiraten. Diese Begründung war rechtlich unhaltbar. An sich mag die Absicht eines Mannes, ein Mädchen, mit dem er Geschlechtsverkehr hat, zu heiraten, als Zeichen anständiger Gesinnung bewertet zu werden; da aber der Angeklagte diese Absicht nur unter Verletzung des Blutschutzgesetzes hätte verwirklichen können, mußte die bewußte Nichtachtung dieses Gesetzes und seine trotzige Auflehnung dagegen strafschärfend wirken. Es hätte also auf Zuchthaus erkannt werden sollen. (V, 31. Mai 1937.)

Amtl. Sammlg. S. 244—246.

94. **Unzucht unter Minderjährigen. Gesetzeseinheit.** (StGB. §§ 175, 176). Ein 19jähriger Bursche nahm mit einem 10jährigen Knaben unzüchtige Handlungen vor. Er wurde nach § 176 StGB. verurteilt. Die Revision des Staatsanwalts, der Anwendung des § 175 beantragte, hatte keinen Erfolg. Die Neufassung des § 175 StGB. beruht auf dem Gedanken, daß grundsätzlich jede Art gleichgeschlechtlicher Unzucht zwischen Männern, nicht nur das beischlafähnliche Handeln strafrechtlich erfaßt werden soll; Abs. 2, wonach bei einem Beteiligten, der noch nicht 21 Jahre alt ist, von Strafe abgesehen werden kann, will nur Härten vermeiden, die sich in besonders leichten Fällen jugendlicher Verirrung aus einer gerichtlichen Bestrafung ergeben könnten. Für die Annahme, daß diese Vorschrift auch dann anzuwenden sei, wenn einer der Beteiligten noch nicht 14 Jahre alt ist, besteht kein Grund. Unrichtig war, daß der Angeklagte nicht auch nach § 175 StGB. verurteilt wurde. Zwischen § 176 Nr. 3 StGB. und § 175 StGB. besteht keine Gesetzeseinheit; die erste Vorschrift schützt Kinder beiderlei Geschlechts, soweit sie weniger als 14 Jahre alt sind, die zweite bedroht jede gleichgeschlechtliche Unzucht unter Männern mit Strafe und erfaßt unzüchtige Handlungen auch dann, wenn sie mit Kindern vorgenommen werden, die über 14 Jahre alt sind. Das Reichsgericht änderte den Schuldausspruch in diesem Sinne ab. (V, 31. Mai 1937.) Amtl. Sammlg. S. 246—247.

95. **Kanzelmißbrauch.** (StGB. § 130 a.) Schon nach der früheren Rechtsprechung wurden unter Ange-

legenheiten des Staates im Sinne des § 130a StGB. alle Angelegenheiten verstanden, die den Staat als solchen angehen, bei denen es sich um seine Rechte und Pflichten, seine Interessen und Aufgaben handelt, die, wie die Privatangelegenheiten durch die Gesetze des privaten Rechts, durch jene des öffentlichen Rechts geordnet und gestaltet werden. Inzwischen ist durch die geschichtliche Wendung zum nationalsozialistischen Staat der Bereich des staatlichen Lebens nicht eingeschränkt, sondern erweitert worden. Was über den Begriffsinhalt von Blut, Boden, Rasse, über ihre Wirkungen und Anforderungen für das Leben der Gesamtheit und des Einzelnen ernsthaft öffentlich vorgetragen oder gelehrt wird, geht in der Regel die nationalsozialistische Bewegung und daher auch den Staat an, den sie trägt. Zu den Angelegenheiten des Staates gehören auch die Ordnung des Pressewesens sowie der Einfluß auf die Verbreitung der Presse, die das Volk im nationalsozialistischen Geiste aufklären und schulen will. Auch Angelegenheiten, mit denen sich der Staat bisher noch nicht befaßt hat, können in den Kreis der Angelegenheiten des Staates hineingezogen werden; das kann dadurch geschehen, daß gesagt wird, der Staat habe gegenüber diesen oder jenen Angelegenheiten eine bestimmte Stellung oder Wirkungsweise. Anderseits ist es aber auch möglich, daß ein Geistlicher seiner Gemeinde den Gottesbegriff erläutert und im Gegensatz zum Gottesbegriff auch von Blut und Boden oder Rasse spricht, ohne dabei irgendwie staatliche Angelegenheiten zu berühren. Es kommt immer auf Art und Inhalt der Rede im Einzelfalle an. Die Prüfung der Frage, ob ein Geistlicher in einer den öffentlichen Frieden gefährdenden Weise gesprochen hat, darf nicht von einer engen Auslegung des Begriffs der Gefährdung des öffentlichen Friedens ausgehen. Einerseits wird eine Gefährdung des öffentlichen Friedens nur unter der Voraussetzung anerkannt, daß das Gefühl der öffentlichen Sicherheit in seinem Bestande gefährdet wird, das unter dem Schutze der sicheren Rechtspflege eines machtvollen Staates bei allen Staatsangehörigen vorhanden zu sein pflegt; anderseits wird als eine Gefährdung des öffentlichen Friedens nur angesehen, daß der Zustand der allgemeinen Rechtssicherheit durch die Gefahr der Entstehung von Unruhen oder von Angriffen auf die Rechte anderer bedroht wird. Die Rechtsprechung hat seit langer Zeit den Standpunkt eingenommen, daß auf die eine wie die andere Weise der öffentliche Friede gefährdet werden kann, und daß zum Tatbestand des § 130 a StGB. auch schon das Herbeiführen einer entfernteren Gefahr ausreicht. Immer aber betrifft die Gefährdung, die in § 130 a StGB. bedroht wird, nur den öffentlichen Rechtsfrieden, nicht auch den Zustand des Gewissens der Einzelnen. Eine öffentliche Aussprache über religiöse oder weltanschauliche Fragen kann die Gewissen der Hörer bis in den tiefsten Grund aufrühren und in große Erregung oder Unruhe bringen; solche Erscheinungen des geistigen Kampfes brauchen aber den öffentlichen Rechtsfrieden nicht zu gefährden. Im gegebenen Falle war der Tatbestand des § 130 a StGB. für gegeben angenommen worden, weil die Zuhörer unruhig geworden waren und davon sprachen, der Angeklagte möge solche politische Predigten unterlassen. Das Reichsgericht erklärte, das hierin ein Rechtsirrtum liegen konnte. Es kam darauf an, ob und inwiefern der Angeklagte durch seine Predigten den Bestand des Staates oder seiner Macht oder seiner Ordnung oder das öffentliche Vertrauen auf diesen Bestand in Gefahr gebracht hatte. Soweit der Angeklagte sich gegen die Gedanken Alfred Rosenbergs oder der deutschen Glaubensbewegung gewendet hatte, richtete sich das nicht ohne weiteres gegen den nationalsozialistischen Staat. Dieser Staat setzt sich nicht einseitig für die Gedanken Rosenbergs ein, gewährt vielmehr den christlichen Kirchen, die auf Grund der geschichtlichen Entwicklung öffentlich-rechtlich anerkannt sind, Freiheit der Lehre und der Verkündung. Im Schlußprotokoll des Konkordates zwischen dem Heiligen Stuhl und dem Deutschen Reich ist ausdrücklich erklärt, das den Geistlichen und Ordensleuten Deutschlands zur Pflicht gemachte Verhalten bedeute keine Einengung der pflichtmäßigen Verkündung und Erläuterung der dogmatischen und sittlichen Lehren und Grundsätze der Kirche; es hat sich nur nach Art. I Abs. 2 des Konkordates innerhalb der Grenzen des für alle geltenden Gesetzes zu halten. Zu beachten ist aber, daß Äußerungen von der Kanzel unter Umständen schon durch ihre Form den öffentlichen Frieden gefährden können, ähnlich wie manche Äußerungen schon durch ihre Form beleidigend sind. (I, 1. Juni 1937.)

Amtl. Sammlg. S. 248—251.

Vgl. Bd. 15 S. 117; Bd. 18 S. 314; Bd. 27 S. 430; Bd. 34 S. 268; JW. 1928 S. 2218; 1937 S. 699.

96. **Zusammenhang. Straffreiheitsgesetz. Strafgesetz. Verfahrensvoraussetzungen.** (StPO. §§ 3, 357; StrafFreihG. vom 7. August 1934.) S. wurde der versuchten Abtreibung in drei Fällen schuldig erkannt und zu einer Gesamtstrafe von drei Jahren und drei Monaten Gefängnis verurteilt. Für den ersten Fall war eine Gefängnisstrafe von fünf Monaten in Ansatz gekommen. In diesem Falle bestand die Möglichkeit, daß die Tat vor dem Erlaß des Straffreiheitgesetzes begangen war. Das Schwurgericht hatte die Prüfung, ob dieses Gesetz anzuwenden war, unterlassen. Das führte zur Aufhebung des ganzen Urteils, auch in der Richtung gegen die mitangeklagte D., die keine Revision eingelegt hatte. Für die Anwendung des § 357 StPO. genügt ein Zusammenhang im Sinne des § 3 StPO. Teilnehmer im Sinne dieser Vorschrift sind alle, die in strafbarer Weise bei dem geschichtlichen Vorgang, innerhalb dessen die Tat liegt, in derselben Richtung mitgewirkt haben. Ein solcher Zusammenhang war bei den Abtreibungsversuchen vorhanden, die S. an der D. vorgenommen hatte. In der Unterlassung des Schwurgerichts lag auch eine Gesetzesverletzung bei Anwendung des Strafgesetzes. Unter diesen Begriff fallen außer den reinen Strafbestimmungen sachlichen Rechts auch alle Vorschriften, die für die Zulässigkeit des eigenen Verfahrens des Revisionsgerichts erheblich und daher von ihm von Amts wegen zu beachten sind. Dazu gehört auch das Verfahrensverbot, das durch eine Niederschlagung entsteht. (II, 3. Juni 1937.)

Amtl. Sammlg. S. 251—252.

97. **Parteiverrat. Irrtum.** (StGB. §§ 59, 356; RAO. § 32.) Ein Rechtsanwalt vertrat in Verfolgung eines Anspruchs auf Herausgabe den Gläubiger, später aber den Schuldner. Er verletzte dadurch die Vorschrift der Rechtsanwaltsordnung, nach der ein Rechtsanwalt seine Berufstätigkeit zu versagen hat, wenn er sie in derselben Rechtssache schon einer anderen Partei im entgegengesetzten Sinne gewährt hat. Daran änderte auch

der Umstand nichts, daß sich der Rechtsanwalt nicht mehr an das erinnerte, was ihm der Gläubiger bei der Erteilung des Auftrags über die Rechtssache anvertraut hatte, und daß er nach den Umständen annehmen konnte, der Gläubiger werde mit der Übernahme der Vertretung des Schuldners einverstanden sein. Die Vorschrift ist nicht nur zum Schutze der Partei, sondern in der Hauptsache im öffentlichen Interesse, zur Wahrung der Reinheit des Anwaltstandes, erlassen; sie sieht die Vertretung der Belange einmal der einen und hinterher der anderen Partei als würdelos an und verbietet sie grundsätzlich. Sie will nicht nur verhüten, daß der Anwalt durch eine solche Sachlage in einen inneren Widerstreit gerät, sondern auch, daß dadurch nach außen hin ein Eindruck entsteht, der dem Ansehen des Anwaltstandes als eines wichtigen Organs der Rechtspflege abträglich sein könnte. Darum kann auch der frühere Auftraggeber den Rechtsanwalt nicht von der Pflicht befreien, die ihm diese Vorschrift auferlegt; ob unter besonderen Umständen (etwa, wenn die Vertretung auf Wunsch des früheren Auftraggebers übernommen wird, um einen Ausgleich herbeizuführen) eine Ausnahme anzuerkennen ist, blieb dahingestellt. Die Verletzung der Berufspflicht erfüllt zugleich das Merkmal der Pflichtwidrigkeit im Sinne des § 356 StGB. Der Angeklagte war freigesprochen worden, weil er es unter den gegebenen Umständen für nicht pflichtwidrig gehalten hatte, die Vertretung des Schuldners zu übernehmen. Diese Annahme erhielt einen Irrtum über Tatumstände, nämlich über Berufspflichten, der seine strafrechtliche Schuld ausschloß. Das Reichsgericht erhob hiegegen kein Bedenken. (III, 10. Juni 1937.) Amtl. Sammlg. S. 253—254.

98. **Wiederholte Entmannung.** (StGB. § 42c). Die Entmannung hat nicht in jedem Falle das Erlöschen des Triebes nach geschlechtlicher Befriedigung zur Folge. Der Trieb ist teils körperlich, teils seelisch bedingt; in Fällen der letzteren Art kann es vorkommen, daß die Entmannung den Geschlechtstrieb nicht beseitigt. Die Frage, ob gegen einen Angeklagten, der trotz durchgeführter Entmannung wieder die Voraussetzungen erfüllt, unter denen die Entmannung zulässig ist, diese Anordnung neuerdings getroffen werden kann, ist nicht ohne weiteres

zu verneinen. Der wiederholte Ausspruch würde jedoch nur dann Sinn und Zweck haben, wenn feststände, daß die frühere Entmannung nur deshalb nicht den gewünschten Erfolg hatte, weil sie unsachgemäß oder unvollständig ausgeführt wurde. (II, 10. Juni 1937.)

Amtl. Sammlg. S. 255—256.

99. Blutschutz. Jude. Jüdischer Mischling. Staatsangehörigkeit. Irrtum. (StGB. § 59; BlutSchG. § 2; 1. AusfVO. z. RBürgG. § 5). Ein ausländischer Jude schloß die Ehe mit einer deutschblütigen Frau. Nachdem die Ehe geschieden worden war, stellte die Frau den Antrag, ihr und ihrem minderjährigen Sohne die preußische Staatsangehörigkeit wieder zu verleihen. Dem Antrag wurde stattgegeben. Der Sohn wurde als Jude erzogen und gehörte der jüdischen Religionsgemeinschaft an. Er wurde auf Grund der Feststellung, daß er mit mehreren staatsangehörigen deutschblütigen Frauen Geschlechtsverkehr gehabt hatte, wegen Rassenschande verurteilt. Seine Revision hatte keinen Erfolg. Jude im Sinne des § 2 BlutSchG. ist nach § 1 der ersten Ausf.-VO. z. BlutSchG. auch, wer nach § 5 der 1. AusfVO. z. RBürgG. als Jude gilt. Da der Angeklagte von zwei der Rasse nach volljüdischen Großeltern abstammte und der jüdischen Religionsgemeinschaft angehörte, war er hienach als Jude zu behandeln. Durch die Verleihung der Staatsangehörigkeit war er Deutscher geworden. Ob die Voraussetzungen für die Verleihung gegeben waren, konnte nicht nachgeprüft werden; die Staatsangehörigkeit wurde mit der Aushändigung der Urkunde begründet. Das Blutschutzgesetz wäre übrigens auf den Angeklagten auch anzuwenden gewesen, wenn er staatenlos gewesen wäre. Die Umstände, die ihn im Sinne des Blutschutzgesetzes zum Juden machten, waren ihm bekannt; er wußte insbesondere, daß er der jüdischen Religionsgemeinschaft angehörte, und daß er deutscher Staatsangehöriger war. Wenn er sich trotzdem nicht für straffrei hielt, war das unbeachtlich. (V, 7. Juni 1937.) Amtl. Sammlg. S. 257—259.

Vgl. Bd. 70 S. 301, 353; Bd. 71 S. 28, 31; JW. 1936 S. 3472; 1937 S. 160, 699.

100. Devisenvergehen. Straffreiheit. Devisenbescheinigung. (RG. vom 15. Dezember 1936 über die Gewährung von Straffreiheit bei Devisenzuwiderhandlungen; DevVO. 1932 § 36; 10. DurchfVO. vom 22. Dezember 1934 § 8.) Der Inhaber einer Devisenbank in M. ließ in der Zeit vom November 1934 bis Oktober 1935 erhebliche Beträge an Reichsmark ohne Genehmigung in das Ausland bringen. Im Januar 1937 ließ er einen Betrag, der bei einer Bank in London auf den Namen seines Schwiegersohnes angelegt war, der Reichsbank überwiesen. Unter Berufung hierauf verlangte er, als er wegen Devisenverbrechen angeklagt wurde, Straffreiheit gemäß dem Gesetz vom 15. Dezember 1936. Vor dem Landgerichte hatte sein Vorbringen keinen Erfolg, weil angenommen wurde, daß er am 16. Dezember 1936 kein Vermögen im Ausland gehabt habe. Vor dem Reichsgericht brachte er vor, daß das auf den Namen seines Schwiegersohns lautende Konto in Wirklichkeit nur ihm gehörige Gelder enthalten habe. Das Reichsgericht hatte die Frage, ob das Straffreiheitsgesetz vom 15. Dezember 1936 anzuwenden sei, von Amts wegen zu prüfen; dabei konnten der Akteninhalt und andere Erkenntnisquellen benutzt, nötigenfalls auch neue Ermittlungen angestellt werden. Eine Nachprüfung war jedoch ausgeschlossen, soweit die Feststellungen des angefochtenen Urteils den Sachverhalt betrafen, der ihm zugrunde lag. Diese Tatsachen waren unter dem Schutze der Vorschriften festgestellt worden, die nach der Strafprozeßordnung für das Beweisverfahren gelten; sie konnten nicht durch das Revisionsgericht in einem Verfahren ausgeschaltet werden, für das diese Vorschriften nicht bestehen. Eine Ausnahme könnte stattfinden, soweit die Feststellungen offensichtlich von Rechtsirrtum beeinflußt wären; das traf aber nicht zu. Zu den Tatsachenfeststellungen, die für das Revisionsgericht bindend sind, gehören auch jene über den Beweggrund. Hiernach mußte das Reichsgericht davon ausgehen, daß der Angeklagte einen Teil der Beträge, die er in das Ausland hatte bringen lassen, seiner Tochter in London geschenkt hatte und daß hievon die Summe stammte, die er der Reichsbank im Januar 1937 zur Verfügung stellte. Die Voraussetzung der Straffreiheit traf demnach nicht zu. Über das neue Vorbringen des Angeklagten Beweis zu erheben, war nicht veranlaßt. Es stand mit seinem früheren Vorbringen in Widerspruch und sollte im wesentlichen nur durch Familienangehörige bewiesen werden. Um das Straffreiheitgesetz anzuwenden, müßten aber dessen Voraussetzungen voll nachgewiesen, nicht nur als möglich dargetan werden. Dieser volle Nachweis war nicht zu erbringen. — Im Mai 1934 veräußerte der Angeklagte Wertpapiere, die er von dem Ausländer F. erhalten hatte, und händigte den Erlös an N. aus; zu diesem Zweck hatte er von der Reichsbank unter der Vorspiegelung, N. sei der Einlieferer der Papiere, eine Unbedenklichkeitsbescheinigung erschlichen. Gegen seine Verurteilung hiewegen machte er geltend, die Unbedenklichkeitsbescheinigung sei keine Genehmigung im Sinne des § 36 Nr. 7 DevVO. 1937; das Erschleichen einer Unbedenklichkeitsbescheinigung sei erst durch die 10. Durchf.-VO. vom 22. Dezember 1934 unter Strafe gestellt worden. Das wurde vom Reichsgericht als zutreffend anerkannt; das Urteil wurde aber nicht zugunsten des Angeklagten, sondern zu seinen Ungunsten aufgehoben. War das Erschleichen der Bescheinigung auch nicht strafbar, so war sie doch wirkungslos, weil das Geschäft, das daraufhin vorgenommen wurde, von dem als unbedenklich bezeichneten inhaltlich abwich. Die Bescheinigung, die für Papiere des N. erteilt war, deckte nicht die Papiere des F. und ersetzte nicht die Genehmigung, die nach § 8 der 8. DurchfVO. für die Aushändigung des Geldes an N. erforderlich war. (II, 14. Juni 1937.)

Amtl. Sammlg. S. 259—265.

Vgl. Bd. 12 S. 434; Bd. 45 S. 158; Bd. 53 S. 324; Bd. 55 S. 23, 49; Bd. 56 S. 49; Bd. 59 S. 54; Bd. 66 S. 76; Bd. 67 S. 429; Bd 69 S. 318; JW. 1934 S. 2339; 1936 S. 3466.

101. Falsche Anschuldigung. Parteigericht. Unterbringung. Behörde. Entsprechende Anwendung. (StGB §§ 2, 42 b, 51, 174.) In Eingaben an den Stellvertreter des Führers, die Gauleitung Kurmark und den Regierungspräsidenten wurden Vorwürfe gegen einen Kreisleiter der NSDAP. erhoben. Sie waren in allen wesentlichen Punkten unrichtig. Das Landgericht hatte die Merkmale der falschen Anschuldigung für gegeben erachtet, den Angeklagten aber als unzurechnungsfähig freigesprochen und seine Unterbringung in einer Heil- oder Pflegeanstalt angeordnet. Der Angeklagte legte Revision ein, soweit Unterbringung angeordnet war. Das erklärte das Reichsgericht für unmöglich. Ein Teil einer Entscheidung kann selbständig angefochten werden, wenn er losgelöst und getrennt von den Entscheidungsteilen, die nicht angefochten werden, eine selbständige Prüfung und Beurteilung zuläßt. Das trifft in der Regel für das Verhältnis der Schuldfrage zur Straffrage zu mit der Folge, daß nicht nur der Schuldspruch selbst, sondern auch die Feststellungen, auf die er gestützt ist, der Nachprüfung durch den Rechtsmittelrichter entzogen werden können. Zur Anordnung der Unterbringung gehört nicht nur, daß die öffentliche Sicherheit eine solche Maßregel erfordert, sondern auch, daß der Angeklagte eine mit Strafe bedrohte Handlung begangen und das im Zustande fehlender oder verminderter Zurechnungsfähigkeit getan hat. Zwischen den Fällen der fehlenden und jenen der verminderten Zurechnungsfähigkeit ist zu unterscheiden. Soweit verminderte Zurechnungsfähigkeit in Frage steht, kann der Angeklagte regelmäßig wirksam auf eine Nachprüfung des Schuldspruchs verzichten und die Anfechtung auf die Unterbringung beschränken, da diese hier neben die Strafe tritt. Auch in einem solchen Falle kann eine Nachprüfung geboten sein, ob eine mit Strafe bedrohte Handlung dargetan oder die Zurechnungsfähigkeit richtig beurteilt worden ist. Das führt dann unter Umständen zu einer Aufhebung der Unterbringung, während es bei der Strafe, die der Verurteilte nicht angefochten hat, bewendet. Anders liegt die Sache im Falle der fehlenden Zurechnungsfähigkeit. Hier tritt die Sicherungsmaßregel an die Stelle der Strafe; sie ist dadurch bedingt, daß das Gericht eine mit Strafe bedrohte, aber nicht schuldhaft begangene Handlung feststellt. Die Anordnung der Unterbringung ist hier so untrennbar mit der Tat- und Schuldfrage verbunden, daß nur eine einheitliche Beurteilung möglich ist. Demgemäß war zu prüfen, ob das Verhalten des Angeklagten den Tatbestand einer mit Strafe bedrohten Handlung erfüllte. Zum Tatbestand der falschen Anschuldigung gehört, daß der Täter einen anderen bei einer Behörde verdächtigt hat. Für die Eingabe an den Regierungspräsidenten traf das ohne weiteres zu, ebenso bei den Eingaben an den Stellvertreter des Führers. Aber auch die Dienststellen der NSDAP. sind für die Frage des

strafrechtlichen Schutzes des § 164 StGB. den öffentlichen Behörden gleichzustellen; der Zweck dieser Vorschrift ist, das verächtliche Angebertum zu bekämpfen und den Schutz sowohl des einzelnen als der Rechtspflege zu verstärken. Weiter gehört zum Tatbestand der falschen Anschuldigung, daß die unwahren Angaben darauf gerichtet oder geeignet sind, ein behördliches Verfahren oder andere behördliche Maßnahmen gegen den Angegriffenen herbeizuführen. Dabei kommt es nicht darauf an, ob die Stelle, der gegenüber die Verdächtigungen erhoben werden, selbst ein solches Verfahren einleiten oder Maßnahmen treffen könnte oder nur verpflichtet wäre, die Eingabe an eine hierfür zuständige Behörde weiterzugeben. Im vorliegenden Falle hing die Entscheidung davon ab, ob ein parteigerichtliches Verfahren dem Verfahren öffentlicher Behörden gleichzuachten ist. Die Ausgestaltung, die das parteigerichtliche Verfahren im Laufe der Zeit gefunden hat, führt dazu, daß für die Anwendung des § 164 StGB. seit dem 1. September 1935 — dem Tage, an dem die neue Fassung des § 2 StGB. in Kraft getreten ist — diese Gleichstellung geboten ist; in diesem Umfang stehen auch die Dienststellen der Partei den Behörden gleich. (II, 14. Juni 1937.) Amtl. Sammlg. S. 265—269.
Vgl. Bd. 42 S. 241; Bd. 47 S. 227; Bd. 65 S. 296; Bd. 69 S. 12, 110, 314, 357; Bd. 71 S. 34, 221.

102. **Devisenrecht. Devisenstraffreiheit. Wahlfeststellung. Einziehung.** (StGB. §§ 2b, 403; StPO. §§ 333, 431; DevVO. 1932 § 36; DevG. 1935 § 45; Dev.-StrafFreihG. vom 15. Dezember 1936 § 1.) Wertpapiere, die aus dem Ausland stammten, wurden im selbständigen Verfahren durch Urteil des Landgerichts eingezogen; der Angeklagte war flüchtig gegangen. Die Einziehung hätte durch Beschluß ausgesprochen werden sollen; nachdem sie durch Urteil ausgesprochen war, fand gegen dieses nicht die sofortige Beschwerde, sondern die Revision statt. Das Landgericht hatte festgestellt, daß der Angeklagte die Wertpapiere in der Zeit zwischen dem 20. November bis 17. Dezember 1934 entweder unentgeltlich von seinem Sohne (einem Ausländer) erworben und seine Anbietungspflicht verletzt habe (1. DurchfVO.z.DevVO. 1932 §§ 1, 7) oder sie entgeltlich von einem anderen Ausländer erworben habe (4. DurchfVO.z.DevVO. 1932 §§ 2, 5). Es

fehlte aber eine Feststellung, daß der Angeklagte vorsätzlich oder fahrlässig gehandelt habe. Im Januar 1937 hatte der Angeklagte die beiden Pfandbriefe der Reichsbank angeboten und Gewährung von Straffreiheit verlangt. Das Landgericht hatte den Antrag mit Beschluß zurückgewiesen, weil zur Zeit der Anbietung das Strafverfahren schon eingeleitet war. Der Beschluß war rechtsirrig. Er war auf § 1 Abs. 2 des Reichsgesetzes vom 15. Dezember 1936 gestützt. Diese Vorschrift setzt aber voraus, daß die Wertpapiere vor dem 16. Dezember angeboten worden sind. Das traf hier nicht zu. In Betracht kam dagegen § 1 Abs. 1 des Gesetzes. Zum Tatbestand dieser Vorschrift gehört, daß der Täter am 16. Dezember 1936 anbietungspflichtiges Vermögen besaß und dieses nachträglich anbot. Daß beim Anbieten schon ein Strafverfahren eingeleitet war, machte für die Anwendung dieser Vorschrift — im Gegensatz zu jener des § 1 Abs. 2 — nichts aus. Für die Verletzung der Anbietungspflicht hatte also der Angeklagte Straffreiheit erlangt. Eine Verurteilung auf Grund wahlweiser Tatfeststellung ist aber nur möglich, wenn jede der wahlweise festgestellten Tatsachen strafbar ist. Die Sache wurde zurückgewiesen, da mit der Möglichkeit zu rechnen war, daß die neue Verhandlung zu der eindeutigen Feststellung einer Straftat führte, die nicht unter das Straffreiheitsgesetz fiel.
(IV, 18. Juni 1937.) Amtl. Sammlg. S. 269—271.
Vgl. Bd. 69 S. 389.

103. **Untreue.** (StGB. § 266.) A. hatte S. für eine Schuld einen Hypothekenbrief verpfändet. Er erbat sich den Brief für kurze Zeit zurück, um eine größere Geldbeschaffung durchführen zu können. Das Geld sollte von U. gegeben werden; eine Bank sollte vermitteln. A. gab einem Vorstandsmitglied der Bank, H., den Brief; dieser gab ihn an U. weiter in der Erwartung, daß dieser das Geld sofort auszahlen werde. U. behielt aber den Brief trotz Widerspruchs des A. und H. zurück, weil er das Geld erst beschaffen wollte. Nach einiger Zeit übergab er den Brief dem Notar, der bei der Verhandlung mitgewirkt hatte. Dieser hatte gegen die Bank eine Kostenforderung von 250 *RM*. Er schickte den Brief unter Nachnahme an die Bank; diese löste die Nachnahme nicht ein. A. war gerade bei der Bank anwesend, als die

Sendung dort einging; er nahm keinen Anlaß, die Nachnahme einzulösen, obwohl er den Inhalt der Sendung kannte. S. erhielt dann den Brief gegen Zahlung der 250 *RM* von dem Notar. A. wurde wegen Untreue verurteilt. Das Reichsgericht sprach ihn frei. Der Angeklagte hatte durch sein Verhalten dem S. fahrlässig einen Schaden verursacht und war zum Ersatz verpflichtet; er hatte aber keine Treupflicht gegenüber S. verletzt. Die Betreuung der Interessen des S. erschöpfte sich in der Pflicht, das Geschäft, zu dessen Abschluß er von S. ermächtigt war, durchzuführen und abzuwickeln. Dazu gehörte die Beseitigung des durch die Fahrlässigkeit verursachten Schadens ebensowenig wie die Vertretung des S. bei Geltendmachung etwaiger Ansprüche gegen H., U. oder gegen die Bank. (II, 21. Juni 1937.)

Amtl. Sammlg. S. 272—273.

104. **Hauswirtschaftliches Jahr. Unzucht. Erzieher. Lehrer. Irrtum.** (StGB. §§ 59, 174.) Ein 15jähriges Mädchen wurde zur Ableistung des wirtschaftlichen Jahres in einen fremden Haushalt gegeben. Der Vertrag wurde zwischen ihrem gesetzlichen Vertreter und der Ehefrau des Haushaltvorstandes abgeschlossen. Der Haushaltvorstand war damit einverstanden. In der Folgezeit nahm er mit dem Mädchen wiederholt unzüchtige Handlungen vor. Er wurde nach § 174 Nr. 1 StGB. verurteilt auf Grund der Annahme, daß er Erzieher des Mädchens gewesen sei. Seine Revision hatte keinen Erfolg. Erzieher ist, wer berufsmäßig die Lebensführung eines Minderjährigen, seine sittliche Haltung und geistige Entwicklung, ähnlich wie ein Vater oder Vormund, allein oder neben anderen Personen zu leiten und zu überwachen hat. Da der nationalsozialistische Staat eine seiner Hauptaufgaben in der Erziehung der Jugend sieht und die Erfüllung dieser Aufgabe es mit sich bringt, daß der Minderjährige auf einer Reihe von Lebensgebieten im Sinne der nationalsozialistischen Staatsführung geschult und erzogen wird, hat sich der Kreis der Personen, die mit der Erziehung Minderjähriger befaßt sind, gegenüber den Verhältnissen der früheren Zeit anders gestaltet. So ist während der Dauer des hauswirtschaftlichen Jahres die Hausfrau Erzieherin des ihr anvertrauten Mädchens. Das hauswirtschaftliche Jahr ist ein wesentlicher Teil des national-

sozialistischen Erziehungswerkes, soweit es die weibliche Jugend betrifft. Daß die Einrichtung zugleich der Bekämpfung der Arbeitslosigkeit dienen soll, steht dem nicht entgegen. Auch als Lehrerin ist die Hausfrau während dieser Zeit anzusehen. Zur Erfüllung dieser Aufgabe ist die Hausfrau nur dann imstande, wenn sie darauf rechnen kann, an ihrem Ehemann, als dem Haushaltsvorstande, jederzeit den nötigen Rückhalt und die nötige Unterstützung zu finden. Auf die Mitwirkung des Ehemannes bei der Erziehung kommt es von vornherein entscheidend an, mag sie im einzelnen Falle auch nur darin bestehen, daß der Ehemann die Stellung der Hausfrau gegenüber der Minderjährigen durch sein gesamtes Verhalten stärkt. Auch ihm fällt nach dem Wesen der Familiengemeinschaft, in welche die Minderjährige mit seiner Zustimmung aufgenommen wird, und nach der Stellung, die er in dieser Gemeinschaft hat, von selbst die Aufgabe zu, sich an der Erziehung zu beteiligen, wenn auch die Lehrtätigkeit der Hausfrau allein überlassen bleibt. Der Angeklagte hatte auch tatsächlich in dieser Weise sich betätigt. Wenn er sich nicht als Erzieher ansah, war das ein unbeachtlicher Strafrechtsirrtum. (I, 25. Juni 1937.)

Amtl. Sammlg. S. 274—278.

Vgl. Bd. 29 S. 49; Bd. 67 S. 390; Bd. 68 S. 20; Bd. 69 S. 216; JW. 1936 S. 1446, 2995.

105. **Zuhälterei. Ausbeutung. Gemeinsamer Haushalt.** (StGB. § 181 a.) Zum Begriff der Ausbeutung gehört, daß der Täter die Dirne als Erwerbsquelle für sich ausnutzt, indem er an dem Gewinn teilnimmt, den sie aus ihrem unsittlichen Gewerbe zieht, um daraus, ganz oder teilweise, seinen Lebensunterhalt zu bestreiten. Das so beschaffene Verhältnis des Gebens und Nehmens muß auf eine gewisse Dauer berechnet sein. Die Führung eines gemeinsamen Haushalts, zu dessen Aufwendungen beide Teile beisteuern, reicht hierfür jedenfalls dann nicht aus, wenn die Möglichkeit offen bleibt, daß die von dem Manne gegebenen Beträge den wirtschaftlichen Wert der Unterkunft, der Verpflegung und der sonstigen Lebensbedürfnisse erreichen, die ihm gewährt werden. (III, 28. Juni 1937.) Amtl. Sammlg. S. 279.

106. **Zollhehlerei. Verheimlichen. Begünstigung. Betrug. Einziehung. Versuch. Rücktritt.** (StGB. §§ 46,

257, 263; RAbgO. §§ 401, 403, 414.) N. und G. erwarben geschmuggelte Pferde. Beim Erwerb waren sie gutgläubig; später erkannten sie, daß es sich um Schmugglerpferde handelte. Bei der Vernehmung durch die Zollbeamten gaben sie wahrheitswidrig an, für die Pferde ordnungsmäßige Ursprungszeugnisse erhalten zu haben; G. nahm diese Behauptung noch vor dem Abschluß der Vernehmung zurück. Sie wurden freigesprochen; das Reichsgericht bestätigte das Urteil. Daß die Angeklagten die Pferde in Kenntnis ihrer Schmuggeleigenschaft behielten, machte sie nicht strafbar. Zollhehlerei kam nicht in Betracht, da den Angeklagten keine Redepflicht oblag, das Merkmal der Verheimlichung also nicht verwirklicht war. Wegen Begünstigung konnten sie nicht gestraft werden, da sie die Schmuggler nicht vor Strafe schützen wollten, Selbstbegünstigung aber nicht strafbar ist. Auch soweit sie bezweckten, die Einziehung der Pferde hintanzuhalten, änderte das die Beurteilung nicht. Sachliche Selbstbegünstigung macht allerdings nicht straffrei, aber die Einziehung ist als Strafe anzusehen, so daß der Versuch, sie zu vermeiden, als persönliche Selbstbegünstigung anzusehen ist. Auch Betrug kam aus diesem Grunde nicht in Frage, denn die Abwehr einer Strafe ist Vermögensvorteil. G. kam auch noch die Straffreiheit wegen Rücktritt vom Versuch zustatten. (V, 28. Juni 1937.)

Amtl. Sammlg. S. 280—281.

Vgl. Bd. 46 S. 74; Bd. 56 S. 6; Bd. 58 S. 212; Bd. 63 S. 233, 373; Bd. 66 S. 427; Bd. 70 S. 229, 390.

107. **Unzucht zwischen Männern.** (StGB. §§ 175, 175a.) Nach dem bis zum 1. Oktober 1935 geltenden Recht war Unzucht zwischen Männern nur strafbar, wenn beischlafähnliche Handlungen vorgenommen waren. Das Reichsgericht entschied nunmehr, daß es hierfür nicht darauf ankomme, ob die unzüchtige Handlung dem natürlichen Verlauf des Geschlechtsverkehrs im äußeren Geschehen ähnelt, sondern darauf, ob dadurch eine Befriedigung, ähnlich der, die mit dem Beischlaf verbunden ist, herbeigeführt werden soll. Die gegenseitige Selbstbefriedigung ist stets beischlafähnlich. (III, 3. Juli 1937.)

Amtl. Sammlg. S. 28—29.

Vgl. Bd. 69 S. 273; Bd. 70 S. 375.

108. SA. Dienstbefehl. Amtsanmaßung. (StGB. § 132; MStGB. § 47.) Ein Sturmbannführer der SA. gab einem SA.-Mann den Befehl, einen Arbeiter festzunehmen und zur Polizei zu bringen. Dieser kam dem Befehle nach. Der Sturmbannführer wurde verurteilt, der SA.-Mann freigesprochen. Das Urteil gegen den SA.-Mann wurde aufgehoben. Der Befehl war rechtswidrig. Das Untergericht hatte festgestellt, daß der Befehl mit der Stellung des Sturmbannführers innerhalb der SA. nichts zu schaffen hatte, daß er damit nur unter Mißbrauch dieser Stellung seiner persönlichen Verärgerung Luft machen wollte. Beim SA.-Mann hatte das Untergericht angenommen, daß er die Rechtswidrigkeit des Befehls nicht erkannt habe. Das Reichsgericht entschied, daß allerdings ein SA.-Mann grundsätzlich Befehle seiner Vorgesetzten zu befolgen hat, daß die Gehorsamspflicht aber keinesfalls weiter reicht als für Angehörige der Wehrmacht gegenüber ihren Vorgesetzten. Nach § 47 Nr. 8 MStGB. trifft den gehorchenden Untergebenen die Strafe des Teilnehmers, wenn ihm bekannt gewesen ist, daß der Befehl des Vorgesetzten eine Handlung betraf, die ein bürgerliches oder militärisches Verbrechen oder Vergehen bezweckte. Demgemäß kann auch der einem SA.-Mann von einem Vorgesetzten erteilte Befehl diesen von der strafrechtlichen Verantwortlichkeit nicht befreien, wenn er mit dem inneren Wesen der SA. nichts zu tun hat. Die Umstände legten die Frage nahe, ob der SA.-Mann überhaupt glaubte, einen Dienstbefehl zu empfangen. (V, 12. Juli 1937.)

Amtl. Sammlg. S. 284—286.
Vgl. Bd. 58 S. 110.

109. Betrug. Fortsetzungszusammenhang. Strafantrag. Straffreiheit. (StGB. §§ 61, 263.) Auf Grund einer Zeitungsanzeige trat ein Mann mit einer Frau zum Zwecke späterer Heirat in Verkehr; mehrere Monate später verlobte er sich mit ihr. Zu einer Eheschließung kam es nicht. Sowohl vor als während der Verlobung hatte er sich von der Frau Geld geben lassen; er hatte ihr verschwiegen, daß er die ganze Zeit mit einem Mädchen in wilder Ehe lebte. Das Landgericht stellte das Verfahren wegen Betrugs ein, weil die Frau keinen Strafantrag gestellt hatte. Das Reichsgericht verwies die Sache zurück. Die Annahme einer fortgesetzten Handlung wird nicht dadurch ausgeschlossen, daß die Einzelhandlungen zum Teil nur auf Antrag verfolgbar sind. Es muß allerdings geprüft werden, ob sich der Gesamtvorsatz von vornherein auch auf diese Handlungen erstreckt hat. Liegt eine fortgesetzte Handlung vor, so gehen die Teilhandlungen in der rechtlichen Einheit als dem untrennbaren Ganzen auf und verlieren damit ihre rechtliche Selbständigkeit. Die Gesamttat kann im ganzen verfolgt werden, auch wenn für Einzelhandlungen der an sich für sie notwendige Strafantrag nicht vorliegt. So entfällt auch die Vergünstigung der Straffreiheit für alle zu einer Fortsetzungstat gehörigen Teilhandlungen, wenn auch nur eine Einzelhandlung die Voraussetzung nicht erfällt, an welche die Gewährung der Straffreiheit geknüpft ist; sind von einer Fortsetzungstat Einzelhandlungen im Inland, andere im Ausland begangen, so sind für die Bestimmung des Umfangs der Tat auch die im Ausland begangenen zu berücksichtigen. (II, 12. Juli 1937.)

Amtl. Sammlg. S. 286—288.

Vgl. Bd. 31 S. 150; Bd. 54 S. 319; Bd. 57 S. 81; Bd. 68 S. 297.

110. Falsche Anschuldigung. Winterhilfswerk. Behörde. Entsprechende Anwendung. (StGB. §§ 2, 164.) Die Frage, ob eine unwahre Mitteilung an einen Stellenleiter der NSDAP., die den Zweck verfolgt, eine Unterstützung aus dem Winterhilfswerk zu hintertreiben, als falsche Anschuldigung bestraft werden könne, wurde vom Reichsgericht schon für die Zeit vor dem Erlaß des Gesetzes über das Winterhilfswerk vom 1. Dezember 1936 bejaht. Das Winterhilfswerk ist eine Einrichtung des nationalsozialistischen Staates von höchster Bedeutung für die Wohlfahrt des Volkes. Es würde dem gesunden Volksempfinden widersprechen, wenn dieses Werk strafrechtlich gegen böswillige oder leichtfertige Versuche, auf die sachliche Richtigkeit seiner Maßnahmen einzuwirken, weniger geschützt wäre als das staatliche Fürsorgewesen. Da das Winterhilfswerk in Zusammenarbeit mit allen Parteistellen durchgeführt wird, war auch der Stellenleiter, dem die Mitteilung gemacht wurde, zur Mitwirkung berechtigt und verpflichtet. Seiner Aufgabe und seinem ganzen Aufbau nach ist das Winterhilfswerk einer Behörde gleichzuachten; die Mitteilung an eine Parteidienststelle mit dem Ziele, daß sie die Grundlage für eine Entschließung des Winterhilfswerks werde, ist also der Mitteilung an eine Behörde gleichzustellen. Gemäß § 2 StGB. ist also § 164 StGB. auf solche Mitteilungen anzuwenden. (I, 16. Juli 1937.) Amtl. Sammlg. S. 288—290.

111. **Erpressung.** (StGB. § 253.) Ein Nachlaßgläubiger trat einen Teil seiner Forderung an einen anderen Nachlaßgläubiger ab. Trotzdem richtete er an die Erbin ein Schreiben, worin er unter Drohungen die Zahlung der vollen Forderung verlangte. Er wurde wegen versuchter Erpressung verurteilt. Das Reichsgericht verwies die Sache zurück. Die Erbin wäre durch die Zahlung an den Angeklagten von der Schuld befreit worden, wenn sie zu dieser Zeit von der Abtretung keine Kenntnis gehabt hätte; geschädigt wäre in diesem Falle der neue Gläubiger gewesen. Das hätte zur Erfüllung des Tatbestandes der Erpressung ausgereicht. Hiefür ist nicht erforderlich, daß der Genötigte zugleich der Geschädigte ist; es reicht aus, daß der Schaden, der aus der erzwungenen Gewährung des rechtswidrigen Vermögensvorteils erwächst, das Vermögen irgendeines anderen trifft, sofern nur die erzwungene Handlung für diesen Schaden unmittelbar ursächlich ist. Die Zurückverweisung erfolgte, weil der Vorsatz des Angeklagten nicht hinlänglich dargetan war. (I, 16. Juli 1937.)

Amtl. Sammlg. S. 291—293.

Vgl. Bd. 53 S. 282; Bd. 58 S. 216; Bd. 67 S. 200.

112. **Kuppelei. Gewährung von Wohnung. Mietwucher.** (StGB. § 180.) Eine Frau vermietete Zimmer an ledige Männer und Frauen, die dort dann geschlechtlich verkehrten. Sie wurde wegen Kuppelei verurteilt. Ihre Revision hatte keinen Erfolg. Nach § 180 Abs. 3 StGB. ist allerdings das Gewähren von Wohnung zu Zwecken der Unzucht nur dann als Kuppelei zu strafen, wenn damit ein Ausbeuten oder ein Anwerben oder Anhalten zur Unzucht verbunden ist. Die Frage, ob diese Bestimmung nicht nur auf das Vermieten an Dirnen, sondern auch auf Fälle der vorliegenden Art Anwendung findet, wurde vom Reichsgericht bejaht. Auch das Vermieten von Schlafstellen ist als Gewähren von Wohnung in diesem Sinne anzusehen. Für den Begriff des Ausbeutens im

Falle der Vermietung an Dirnen hat das Reichsgericht es für zulässig erklärt, daß neben der reinen Raummiete auch eine Vergütung für besondere Leistungen (Benutzung der Einrichtungsgegenstände, Wäsche, Aufwartung, Heizung) und auch ein Unbequemlichkeitszuschlag (für Entwertung anderer Räume, Schädigung des Rufes des Vermieters, nicht nachprüfbarer Verkehr fremder, oft angetrunkener Menschen) gefordert wird. Diese Grundsätze können aber nicht ohne weiteres für die Frage verwendet werden, ob ein Ausbeuten von Mietern vorliegt, die nicht gewerbsmäßig Unzucht treiben. Hier kommt es in der Hauptsache darauf an, ob der angemessene Mietzins überschritten worden ist. Der bei der Vermietung an Dirnen zu berücksichtigende Unbequemlichkeitszuschlag kam im vorliegenden Falle nicht in Betracht. Die Tat kann gleichzeitig als Mietwucher strafbar sein; das gilt aber nicht für die Vermietung von Schlafstellen, weil diese keine Raummiete darstellt. (II, 22. Juli 1937.)

Amtl. Sammlg. S. 293—295.

Vgl. Bd. 53 S. 286; Bd. 62 S. 341; Bd. 63 S. 166, 345; Bd. 64 S. 110, 280; JW. 1936 S. 261.

113. Notar. Untreue. Betrug. (StGB. §§ 263, 266.) Ein preußischer Notar lieferte die der Staatskasse zukommenden Gebührenanteile trotz wiederholter Aufforderung nicht ab, berichtete vielmehr unwahrerweise, daß solche nicht angefallen seien. Seine Verurteilung wegen Untreue wurde vom Reichsgericht gebilligt. Durch die Verpflichtung der Notare, einen Teil der Vergütungen, die sie einnehmen, an die Staatskasse abzuliefern, hat sich an dem Grundsatz nichts geändert, daß jener, der die amtliche Tätigkeit des Notars in Anspruch nimmt, diesem die volle Vergütung schuldet. Die abzuliefernden Gebührenteile sind nicht eine Abgabe im steuerlichen Sinne. Bei der Einziehung dieser Beträge nimmt der Staat die Hilfe und Mitarbeit der Notare in Anspruch; sie haben die Pflicht, bei der Ablieferung die Vermögensinteressen des Staates wahrzunehmen. Diese Treupflicht verletzte der Angeklagte dadurch, daß er die staatlichen Anteile auch dann nicht ablieferte, als er auf diese Pflicht ausdrücklich aufmerksam gemacht worden war. Durch die unrichtigen Angaben des Angeklagten wurden die staatlichen Behörden in die Irre geführt und davon abgehalten, die staatlichen Anteile in ihrer vollen Höhe rechtzeitig einzuziehen; das Verhalten des Angeklagten erfüllte somit neben dem Tatbestand der Untreue auch den des Betrugs. — Der Angeklagte hatte bei Grundstücksveräußerungen die Grundgeschäfte und die Auflassungen getrennt beurkundet; um das zu ermöglichen, hatte er in den Grundgeschäften seinen Bürovorstehern Auflassungsvollmacht erteilen lassen. Die Absicht des Angeklagten ging dahin, auf diese Weise sich selbst mehr Einnahmen und seinen Bürovorstehern Gebühren zu verschaffen; die Beteiligten wurden auf diese Weise mit unnötigen Kosten belastet. Auch das erfüllte den Tatbestand der Untreue. Die Amtspflicht eines Notars ist zwar nicht Gegenstand einer vertraglichen Bindung, weil der Notar nicht als Beauftragter der ihn anrufenden Personen tätig wird, die Anrufung vielmehr nur den äußeren Anlaß für seine Tätigkeit bildet. Dem Notar können aber auch andere als amtliche Pflichten entstehen, die ihn nicht als Beamten, sondern als Rechtskundigen treffen; diese Verpflichtungen können Gegenstand vertraglicher Beziehungen zwischen ihm und seinem Auftraggeber sein. Hiebei kommt in Betracht, daß der Notar bei der Ausführung der ihm erteilten Aufträge nicht nur seine Amtspflichten gewissenhaft zu erfüllen hat, vielmehr sich auch in seinem gesamten sonstigen Verhalten seinen Auftraggebern gegenüber streng an die Grundsätze über Treu und Glauben halten muß. Insoweit besteht ein Treuverhältnis, in dessen Umfang der Notar die Vermögensinteressen seiner Auftraggeber wahrzunehmen verpflichtet ist; er darf insbesondere die Gelegenheit der Amtsausübung nicht dazu benutzen, sie zu übervorteilen. Ob auch in dieser Richtung der Tatbestand des Betrugs erfüllt war, ließ das Reichsgericht dahingestellt, weil nur der Angeklagte Revision eingelegt hatte und kein hinlänglicher Grund vorlag, das Urteil zu seinen Ungunsten abzuändern. (III, 28. Juli 1937.)

Amtl. Sammlg. S. 295—299.

Vgl. Bd. 52 S. 13; Bd. 70 S. 58, 166; JW. 1930 S. 753; 1933 S. 2145.

114. Offenbarungseid. Künftige Ansprüche. (StGB. § 153; ZPO. § 807.) Der Reisevertreter einer Firma war gegen festen Gehalt und Provision angestellt. Zum Offenbarungseid geladen, führte er im Vermögensverzeichnis den Anspruch auf Provision nicht an. Er wurde wegen Meineids verurteilt. Das Reichsgericht verwies die Sache zurück. In dem Vermögensverzeichnis, das einem Offenbarungseid zugrunde liegt, hat der Schuldner alle Gegenstände anzugeben, die zu seinem Vermögen gehören und an sich geeignet sein können, dem Gläubiger als Mittel zur Befriedigung zu dienen. Das Verzeichnis kann keineswegs mit einem kaufmännischen Abschluß verglichen werden, bei dem es nicht darauf ankommt, alle dem Kaufmann gehörenden Gegenstände einzeln aufzuzählen, sondern darauf, eine vorhandene Vermögensmasse nach handelsrechtlichen und kaufmännischen Grundsätzen richtig zu bewerten und hiebei das Soll und Haben zutreffend zu vergleichen. In einen solchen Abschluß gehören allerdings Provisionen für noch nicht abgeschlossene Geschäfte nicht hinein. In dem Vermögensverzeichnis für den Offenbarungseid sind aber auch unpfändbare Sachen und Rechte anzuführen, da es nicht dem Schuldner überlassen bleiben kann, den Kreis der Gegenstände zu bestimmen, die mit Rücksicht auf seine persönlichen Verhältnisse ausnahmsweise der im übrigen sein ganzes Vermögen erfassenden Zwangsvollstreckung entzogen bleiben sollen. Übrigens sind Ansprüche auf Provisionen von Agenten für künftig abzuschließende Geschäfte in der Rechtsprechung als pfändbar anerkannt. Noch weniger zu bezweifeln ist die Pfändbarkeit eines Anspruchs auf künftige Provisionen, die einem Angestellten auf Grund seines Anstellungsvertrages zukommen. Auch wenn der Angeklagte aus seinen Provisionen seine Reisekosten zu bestreiten hatte, und mit Rücksicht hierauf die Forderung ohne Änderung ihres Inhalts nicht abgetreten werden konnte, also auch unpfändbar war, entband das den Angeklagten nicht von der Pflicht, sie im Vermögensverzeichnis anzugeben; nur für Ansprüche, die ohne Zweifel der Pfändung entzogen sind, gilt das nicht. Der äußere Tatbestand eines falschen Offenbarungseides war also gegeben. Bedenken lagen aber hinsichtlich des inneren Tatbestandes vor. Aus diesem Grunde wurde das Urteil aufgehoben. (I, 30. Juli 1937.)

Amtl. Sammlg. S. 300—303.

Vgl. RGZ. Bd. 82 S. 229; Bd. 134 S. 227; Bd. 135 S. 140; RArbG. Bd. 5 S. 136; Bd. 7 S. 172.

115. Prozeßbetrug. Fürsorgeverband. Personenstand. (StGB. § 263; RFVO. §§ 21, 21 a). Für ein uneheliches Kind erhob das Jugendamt als gesetzlicher Vormund Unterhaltsklage. Sie wurde infolge unwahrer Angaben der Kindsmutter abgewiesen. Das Schwurgericht verurteilte sie wegen versuchten Betrugs zum Schaden des für den Unterhalt des Kindes zuständigen Fürsorgeverbandes; Unterstützung hatte dieser nicht geleistet, da das Kind im Haushalt des unehelichen Vaters erzogen wurde. Das Reichsgericht verwies die Sache zurück. Ein Fürsorgeverband, der einen Hilfsbedürftigen unterstützt hat, kann durch schriftliche Anzeige an den unterstützungspflichtigen Dritten bewirken, daß die gegen diesen begründeten Rechtsansprüche auf ihn übergehen. Solange eine Unterstützung nicht gewährt wird, steht dem Fürsorgeverband kein Anspruch zu; demzufolge konnte der Fürsorgeverband zur Zeit der Tat nicht um solche Ansprüche geschädigt oder in ihrer Geltendmachung gefährdet sein. Zum Begriff der Vermögensbeschädigung im Sinne des § 263 StGB. gehört aber in jedem Falle eine nachteilige Veränderung (Beschädigung oder Gefährdung) des gegenwärtigen Vermögensstandes. Das gegenwärtige Vermögen wurde auch nicht dadurch gefährdet, daß sich der Fürsorgeverband, falls er künftig das Kind unterstützte, wegen Abweisung der Unterhaltsklage veranlaßt sehen konnte, keine Ersatzansprüche gegen den Kindsvater geltend zu machen. Ob die Angeklagte in dem Bewußtsein handelte, den Fürsorgeverband zu schädigen oder zu gefährden, und diesen Erfolg in ihren Willen aufnahm, hatte das Schwurgericht nicht festgestellt; wenn sie eine solche Schädigung wenigstens bedingt wollte, ließ sich das Urteil halten. Von seinem Standpunkt aus hätte das Schwurgericht wegen vollendeten Betrugs verurteilen müssen; daß es dem Jugendamt gelang, den Sachverhalt nachträglich zu klären und die Grundlage für eine Restitutionsklage zu schaffen, machte den Prozeßbetrug, wenn ein solcher vorlag, nicht ungeschehen. Im neuen Verfahren war auch zu prüfen, ob nicht ein Vergehen gegen den Personenstand des Kindes gegeben war. (III, 18. August 1937.) Amtl. Sammlg. S. 303—305.

Vgl. Bd. 9 S. 168; Bd. 39 S. 420; JW. 1936 S. 2994; 1937 S. 1792.

116. **Vortäuschen einer Straftat. Falsche Anschuldigung. Entsprechende Anwendung.** (StGB. §§ 2, 164.) Eine wissentlich falsche Anzeige, die nicht die Bezichtigung einer bestimmten Person enthält, kann auch nicht in entsprechender Anwendung des § 164 StGB. als falsche Anschuldigung bestraft werden. Der Gesetzgeber hat, als er dem § 164 durch das Gesetz vom 26. Mai 1933 eine den Tatbestand stark ausdehnende Fassung gab, offenbar mit Absicht davon abgesehen, auch eine solche Anzeige unter Strafe zu stellen, obwohl ihm die im Gesetz vorhandene Lücke bekannt sein mußte. Es lag also nicht eine ungewollte Lücke des Gesetzes vor, die der Richter nach § 2 StGB. schließen darf, sondern eine bewußte Beschränkung des Gesetzes. Diesem erkennbaren Willen des Gesetzgebers darf der Richter nicht zuwiderhandeln, selbst wenn das gesunde Volksempfinden eine solche Tat für strafbar hält. (V, 2. August 1937.)

Amtl. Sammlg. S. 306—308.
Vgl. Bd. 7 S. 367.

117. **Konzentratwein. Weinfälschung.** (WeinG. §§ 4, 5, 26; LebMG. § 4.) Weinmost wurde zum Sieden gebracht; ein erheblicher Teil des Wassers verdampfte. Der Most gewann dadurch, ohne daß seine übrigen Bestandteile im Verhältnis zueinander sich veränderten, eine Süße, wie sie sonst nur bei den aus lang ausgereiften Trauben hergestellten Weinen sich findet. Die weitere Behandlung war die übliche. Die Verurteilung wegen Weinfälschung wurde vom Reichsgericht im Ergebnis gebilligt. Das Weingesetz verbieten in § 4 nur das Zusetzen bestimmter Stoffe, nicht aber das Entziehen. § 5 läßt ausdrücklich das Entkeimen des Weines durch Filtrieren (Unterbrechung der Vergärung) und die dadurch bewirkte Herstellung einer höheren Süße des Weines zu. Diese Vorschrift ist aber nur eine Ausnahme, gewissermaßen ein gesetzgeberischer Versuch. Wenn auch die Konzentration des Weines durch Verdampfen nicht gegen das Weingesetz verstößt, so verletzt sie doch das Lebensmittelgesetz. Ein Lebensmittel ist verfälscht, wenn an seiner körperlichen Beschaffenheit eine Änderung vorgenommen worden ist, derzufolge das gewonnene Ergebnis von anderer und zwar besserer Beschaffenheit zu sein scheint, als es tatsächlich ist. Bei der Wertvergleichung hat man von der Auf-

fassung der Verbraucher auszugehen, welche die Güte eines Weines entscheidend darnach beurteilen, ob er auf natürlichem Wege gewonnen ist, und eine gefühlsmäßige Abneigung gegen jeden Wein haben, der in irgendeinem Abschnitt seiner Herstellung mit künstlichen Hilfsmitteln bearbeitet worden ist, die deshalb einen solchen Wein als ein Kunstprodukt geringer bewerten. Allerdings war der Wein durch die Behandlung tatsächlich verbessert worden, indem er eine höhere Süße erreichte; immerhin war ihm der Anschein einer besseren Beschaffenheit gegeben worden, als er tatsächlich innehatte. Die Täuschungsabsicht wurde auch dadurch nicht ausgeschlossen, daß der Wein zu einem Preise in den Verkehr gebracht wurde oder werden sollte, der erheblich unter dem der annähernd gleichschmeckenden Qualitätsweine lag. (I, 17. August 1937.)

Amtl. Sammlg. S. 308—313.

Vgl. Bd. 71 S. 18.

118. Devisenrecht. Hypothek. (DevG. § 14.) Für einen ausländischen Gläubiger darf ohne Genehmigung der Devisenstelle eine Hypothek nicht bestellt werden, wenn die Forderung, zu deren Sicherung sie dienen soll, noch nicht entstanden ist. Von der Genehmigung ist nur die Bestellung einer Hypothek zur Sicherung eines Kredits befreit, den ein Ausländer gleichzeitig im Inland in ausländischer Währung oder in freier Reichsmark gibt. (I, 20. August 1937.) Amtl. Sammlg. S. 314—315.

119. Rechtsbeugung. Partei. (StGB. § 336). Ein städtischer Beamter hatte Anträge auf Befreiung von der Grunderwerbsteuer zu behandeln. Er wurde wegen Betrugs und Untreue angeklagt; das Verfahren wurde aber eingestellt, da Verjährung der Strafverfolgung angenommen wurde. Der Staatsanwalt legte Revision ein mit der Begründung, daß der Sachverhalt auch unter dem Gesichtspunkt der Rechtsbeugung hätte geprüft werden sollen. Das Reichsgericht verwies die Sache zurück. Als Rechtssache im Sinne des § 336 StGB. ist jede Rechtsangelegenheit anzusehen, in der mehrere Parteien mit entgegenstehenden rechtlichen Belangen einander streitend gegenüberstehen können, wenn über sie nicht durch Verwaltungsmaßnahmen zu befinden, sondern nach Rechtssätzen zu entscheiden ist. Ob für die Entscheidung ein Richter oder ein anderer Beamter zuständig ist, macht nichts aus; ebenso ist ohne Bedeutung, daß nach heutiger Rechtsauffassung der Vertreter der Staatsführung nicht mehr wie eine Partei auf eine Ebene mit dem Beschuldigten gestellt werden kann. Demgemäß gehören auch Steuersachen zu den Rechtssachen. Einer Rechtsbeugung in Steuersachen können sich nicht nur die Beamten schuldig machen, die als Mitglieder der Finanzgerichte tätig werden oder Strafbescheide erlassen können, sondern auch die Beamten, die im Steuerveranlagungsverfahren Entscheidungen über das Bestehen oder Nichtbestehen einer Steuerpflicht zu treffen haben. Die schriftlichen Steuerbescheide werden nach vorhergehender Ermittlung erlassen, sind mit Rechtsmitteln anfechtbar und der Rechtskraft fähig; demgemäß ist nicht nur für das Rechtsmittelverfahren, sondern schon für das Veranlagungsverfahren die Möglichkeit einer Rechtsbeugung zu bejahen. Gemeindliche Steuerstellen stehen dabei den staatlichen Finanzämtern gleich. (II, 26. August 1937.) Amtl. Sammlg. S. 315—318.

Vgl. Bd. 25 S. 276; Bd. 26 S. 56.

120. **Devisenrecht. Straffreiheit.** (DevG. § 36; StraffrG. vom 15. Dezember 1936.) K. und M. brachten deutsches Geld nach Holland, wechselten es dort in holländische Gulden um und zahlten diese bei einer niederländischen Bank ein. Sie hatten teilweise die Genehmigung durch bewußt falsche Angaben erschlichen. K. bot, ehe die Sache entdeckt wurde, den Rest des noch im Auslande befindlichen Geldes der Reichsbank an. M. forderte ihn dazu auf, aber erst, nachdem das Angebot schon gemacht war. K. wurde durch das Angebot straffrei, obwohl es sich nur auf einen geringen Rest der verbotwidrig ausgeführten Devisen bezog; M. kam diese Vergünstigung nicht zugute. Die nachträgliche Anbietung ist, wie die tätige Reue beim Versuch, ein persönlicher Strafaufhebungsgrund, der an sich die Strafbarkeit der Teilnehmer unberührt läßt; nur dann tritt Straffreiheit ein, wenn der Teilnehmer zu dem Angebot beigetragen hat. M. hatte auf sein Konto in Holland auch 3000 Gulden einbezahlt, die er sich in Holland selbst verdient hatte, hatte diesen Betrag aber im Januar 1937 der Reichsbank abgeliefert. Diese Devisenzuwiderhandlung stand im Zusammenhang mit den anderen Geschäften, die über das gleiche Konto gegangen waren. Nach dem Sinne des

Straffreiheitsgesetzes soll der Schuldige Gelegenheit erhalten, sich durch tätige Reue die Straffreiheit in vollem Umfang zu verdienen. Die Vergünstigung der Straffreiheit muß sich auf alle Geschäfte erstrecken, die über dasselbe Bankkonto vorgenommen worden sind, weil die Angabe des gemeinschaftlichen Kontos ohne weiteres die Gefahr in sich birgt, daß alle diese Geschäfte offenbar werden. Dieser Möglichkeit soll der Täter, der seine Devisen anbietet, unbesorgt entgegensehen können. Anders wäre der Fall gelagert gewesen, wenn M. die Beträge, die er in Holland verdient hatte, in Natur nach Deutschland gebracht und hier der Reichsbank angeboten hätte; dann wäre kein gemeinsames Bankkonto gegeben gewesen. (V, 30. August 1937.) Amtl. Sammlg. S. 318—320.

121. **Unterbringung. Strafantrag. Sicherungsverfahren.** (StGB. §§ 42 b, 61, 194; StPO. § 429 a.) Ein geistig gestörter Mann richtete an eine Anwaltskammer fortwährend Eingaben, worin Rechtsanwälte schwer beleidigt waren. Der Präsident der Anwaltskammer gab die Eingaben an die Staatsanwaltschaft weiter und bat zu prüfen, ob nicht die Unterbringung des Schreibers in die Wege geleitet werden könne. Auf die Rückfrage, ob Strafantrag gestellt werde, erwiderte er, das sei nicht seine Absicht gewesen, da er den Schreiber für zurechnungsunfähig halte. Im Sicherungsverfahren wurde die Unterbringung angeordnet. Die Revision hatte keinen Erfolg. Allerdings setzt auch das Sicherungsverfahren, wenn es wegen einer nur auf Antrag verfolgbaren Tat eingeleitet werden soll, einen Strafantrag voraus; das Ersuchen des Präsidenten der Anwaltskammer war aber als solcher anzusehen. Es gehört nicht zum Begriff des Strafantrags, daß er die Verurteilung zu einer Strafe zum Ziele hat; wesentlich ist nur, daß zum Ausdruck gebracht wird, gegen den Täter solle strafrechtlich eingeschritten werden. In welcher Verfahrensform das zu geschehen hat und welche Entscheidung zu treffen ist, hängt von der Sach- und Rechtslage ab. Da auch der Präsident der Anwaltkammer selbst beleidigt war, konnte er persönlich den Strafantrag stellen. (III, 8. September 1937.) Amtl. Sammlg. S. 321—323.

Vgl. Bd. 67 S. 53; Bd. 68 S. 120; Bd. 71 S. 218.

122. Leichenschändung. Religionsvergehen. Grober Unfug. Entsprechende Anwendung. (StGB. §§ 2, 166, 168, 360 Nr. 11.) Zwei Brüder begaben sich in angetrunkenem Zustand in die Leichenhalle ihres Wohnorts, wo ihr Vater aufgebahrt war, hoben den Deckel des Sarges ab, tranken ihrem toten Vater Schnaps zu und schickten sich an, ihm solchen einzuflößen; nur durch ihre Schwester wurden sie davon abgehalten. Die Handlung, so roh und pietätlos sie war, fiel unter kein Strafgesetz. Die Leichenhalle diente nicht als Friedhofkapelle, war also nicht zu religiösen Versammlungen bestimmt. Die Täter hatten ihren beschimpfenden Unfug auch nicht an einem Grabe verübt. Als grober Unfug war die Handlung nicht zu strafen, weil sie nicht den äußeren Bestand der öffentlichen Ordnung störte oder gefährdete. Der Gesetzgeber würde aber einen solchen Vorgang, der nach dem Grundgedanken des § 168 StGB. und nach gesundem Volksempfinden Strafe verdient, mit Strafe bedroht haben, wenn er an einen solchen Fall gedacht hätte. Diese unbeabsichtigte Lücke war gemäß § 2 StGB. durch entsprechende Anwendung des § 168 StGB. zu schließen. (V, 13. September 1937.) Amtl. Sammlg. S. 324—325.

Vgl. Bd. 64 S. 250; Bd. 70 S. 173, 355, 360.

123. Wucher. Notlage. Irrtum. (StGB. §§ 59, 302 a.) Ein wegen Wucher angeklagter Darlehensgeber wurde freigesprochen, weil die wirtschaftliche Existenz der Darlehenssucher nicht gefährdet gewesen sei. Das Reichsgericht verwies die Sache zurück. Allerdings hat die Rechtsprechung vielfach die Notlage von diesem Umstand abhängig gemacht; es handelte sich dabei aber um Fälle, in denen der Darlehensnehmer noch verwertbare Vermögensanlagen besaß, durch deren Veräußerung oder Beleihung er sich Geld verschaffen konnte. Bei solcher Sachlage ging das Reichsgericht in früheren Entscheidungen davon aus, daß die Verwertung solcher Vermögensstücke dem Darlehenssuchenden nicht zugemutet werden könne, wenn er durch die Grundlage seines wirtschaftlichen Bestehens gefährdet würde. Das ist entsprechend auch für die Fälle angenommen worden, in denen die Mittel zur Erhaltung dieser Lebensgrundlage benötigt wurden, aber nicht anders als im Wege des Darlehens aufzubringen waren. Beide Fälle wurden für schutzbedürftig und schutz-

würdig erachtet und als Notlage im Sinne des Wuchergesetzes angesehen. Dabei hat aber das Reichsgericht eine solche Notlage in allen Fällen als selbstverständlich angenommen, in denen Mittel zur Befriedigung der Lebensbedürfnisse oder zur Abwendung drohender Zwangsvollstreckung in den zur Lebenshaltung nötigen Besitz im Wege des Darlehens gesucht werden mußten, Erwerbsquellen aber nicht oder nicht ausreichend bestanden, auch keine Vermögensrücklagen vorhanden waren, die zu verwerten ohne Verlust möglich war und billigerweise zugemutet werden konnte. Das Landgericht hatte die Freisprechung auch damit begründet, daß dem Angeklagten die Rechtsprechung bekannt gewesen sei und daß er sich hienach zum mindesten über den Begriff der Notlage geirrt habe. **Es genügte aber, daß der Täter die Umstände, aus denen sich die Notlage ergab, kannte oder doch als möglicherweise gegeben annahm und in seinen Willen aufnahm; ein Irrtum darüber, daß durch sie der Begriff der Notlage nicht erfüllt werde, war als Strafrechtsirrtum unbeachtlich.** (III, 15. September 1937.)

Amtl. Sammlg. S. 325—326.
Vgl. Bd. 18 S. 419

124. **Verhandlungsgrundsatz. Urteilsbegründung.** (StPO. § 261.) Bei der Abfassung der Urteilsgründe kamen dem damit betrauten Richter Zweifel, ob er einen Zeugen richtig verstanden habe. Er rief diesen fernmündlich an und sprach mit ihm über seine Aussage. Der Zeuge bestätigte die Auffassung des Richters. Die hierauf gestützte Revision hatte Erfolg. Sie konnte nicht von vornherein an der Erwägung scheitern, daß das Urteil nicht auf einem Vorgang beruhen könne, der sich erst nach der Verkündung zugetragen hatte. Das Revisionsgericht hat die Entscheidung in der untrennbaren Einheit zu prüfen, die das mündlich verkündete Urteil und die schriftliche Begründung miteinander bilden; auf die schriftliche Urteilsbegründung aber konnte der gerügte Hergang Einfluß geübt haben. Somit war zu prüfen, ob er einen Verstoß gegen das Verfahrensrecht enthielt. Die Frage wurde bejaht. Infolge der Unvollkommenheit des menschlichen Erinnerungsvermögens wird es dem Richter in der Regel nicht möglich sein, den Inhalt der Hauptverhandlung bis zum Niederschreiben der Entscheidungsgründe

in allen Einzelheiten sicher im Gedächtnis zu behalten. Es muß ihm daher gestattet sein, seiner Erinnerung durch geeignete Mittel (Aufzeichnungen, Rücksprache mit den übrigen beteiligten Richtern) nachzuhelfen. Es kann auch nicht unter allen Umständen als unzulässig angesehen werden, daß der Richter zur Auffrischung seines Gedächtnisses mit anderen Personen spricht, die bei der Verhandlung anwesend gewesen sind. Immer darf es sich aber nur darum handeln, die Erinnerung an den Gang der Verhandlung aufzufrischen, nicht aber Lücken des Sachverhalts auszufüllen, die bei der Niederschrift des Urteils dem Verfasser bemerkbar werden. Im vorliegenden Falle hatte aber der Richter den Zeugen nicht nur befragt, was er in der Verhandlung ausgesagt habe, sondern eine Klarstellung des abgeurteilten Tatbestandes herbeizuführen gesucht. Das war unzulässig. (I, 24. September 1937.) Amtl. Sammlg. S. 326—329.

125. **Postbeamter. Nachnahmesendung. Unterdrücken.** (StGB. § 354). Ein Postagent händigte einem ihm bekannten Kaufmann Nachnahmesendungen, die für diesen ankamen, auf dessen Ersuchen fortgesetzt vor Bezahlung der Nachnahmebeträge aus; die Zahlung erfolgte in allen Fällen so rechtzeitig, daß dem übergeordneten Postamt nichts auffiel. Der Postagent wurde wegen fortgesetzter Unterdrückung von Postsendungen, der Kaufmann wegen Anstiftung dazu verurteilt. Die Revision hatte keinen Erfolg. Die Sendungen hätten nur gegen Bezahlung der Nachnahmebeträge ausgehändigt werden dürfen; diesem ordnungsmäßigen Gange der Postbeförderung entzog der angeklagte Postagent die Sendungen, indem er den Gewahrsam der Post schon vorher preisgab, so daß der Eingang der Nachnahmebeträge von der Zahlungsfähigkeit und Zahlungswilligkeit des Empfängers abhing. Bei der Behandlung von Nachnahmesendungen hat die Post nicht nur den Versand auszuführen, sondern auch dafür zu sorgen, daß der Absender das Eigentum an der Sendung nicht eher verliert, als bis der Eingang der Nachnahme durch Zahlung gesichert ist. Das Vertrauen auf die Zuverlässigkeit des Postversands unter Nachnahme müßte schwinden, wenn hieran nicht streng festgehalten würde. Zum inneren Tatbestande des Vergehens gegen § 354 StGB. war weiter

nichts erforderlich, als daß die beiden Angeklagten den äußeren Tatbestand kannten und das Bewußtsein hatten, daß die postdienstlichen Vorschriften verletzt wurden. Rechtlich einwandfrei war auch die Annahme des Landgerichts, daß der Kaufmann als Anstifter aus § 354 StGB. verurteilt werden konnte, obwohl er nicht Postbeamter war. (I, 24. September 1937.)

Amtl. Sammlg. S. 330—332.

Vgl. Bd. 28 S. 101; Bd. 35 S. 81; Bd. 47 S. 68.

126. Handlungsreisender. Untreue. Vermögensnachteil. Unlauterer Wettbewerb. (StGB. § 266; Unl. WG. § 17.) Ein Reisender, der gegen Monatsgehalt und tägliche Reisegebühren für eine Eisenwarenhandlung fest angestellt war und die auswärtigen Kunden der Handlung zu besuchen sowie für den Absatz von Waren der Handlung zu werben hatte, schloß mit verschiedenen Kunden der Handlung Kaufverträge über Waren der in der Handlung vertriebenen Art für eigene Rechnung ab, lieferte die Waren und behielt den Gewinn für sich. Seine Verurteilung wegen Untreue wurde vom Reichsgericht bestätigt. Der Begriff des Vermögensnachteils im Sinne des § 266 StGB. ist jenem des Vermögensschadens im Sinne des § 263 gleichzusetzen. Einen Vermögensbestandteil bildet auch der Kundenkreis eines gewerblichen Unternehmens, mag er auch weder ein dingliches Recht noch eine Gesamtheit von Forderungsrechten sein. Wenn Stammkunden eines Kaufmanns dazu bewogen werden, Waren, die sie sonst bei ihm bezogen hätten, anderswoher zu beziehen, wird der Kaufmann durch eine solche Minderung seiner Kundengeschäfte und die damit verbundene Lockerung seiner dauernden Kundenbeziehungen in seinem Vermögen geschädigt; das ist auch dann der Fall, wenn die Kunden nicht veranlaßt werden, endgültig von dem früheren Kundenverhältnis abzuspringen. Bei den laufenden Geschäften eines Kaufmanns mit seiner Kundschaft handelt es sich nicht nur um ganz allgemeine unbestimmte Aussichten oder um bloße Hoffnungen auf künftigen Gewinn, sondern um den mit großer Wahrscheinlichkeit zu erwartenden Nutzen eines vorhandenen bestimmten Lebensverhältnisses; das genügt, um den Begriff eines Vermögensbestandteils für gegeben zu erachten. Der Tatbestand der Untreue wäre allerdings zu verneinen gewesen, wenn der Angeklagte bei seinen Verkäufen für eigene Rechnung nur Kenntnisse der geschäftlichen Bedürfnisse der Kunden seines Dienstherrn mißbraucht hätte; er hatte aber die besondere Aufgabe übernommen, den Kundenkreis zu pflegen, womöglich zu erweitern und auf diese Weise Vermögensinteressen seines Dienstherrn wahrzunehmen. Die Übergabe des Kundenkreises zur laufenden weiteren Bearbeitung begründete ein besonderes Vertrauensverhältnis zu dem Geschäftsinhaber. Hiegegen hatte sich der Angeklagte verfehlt. Ob der Tatbestand der Untreue auch schon dann gegeben gewesen wäre, wenn der Angeklagte lediglich die übernommene Tätigkeit mit einer ihm bewußten schädlichen Wirkung vernachlässigt hätte, blieb dahingestellt. Der Tatbestand eines Vergehens gegen § 17 UnlWG. lag nicht vor, weil der Angeklagte die Kenntnis vom Kundenkreis seines Geschäftsherrn, die er mißbrauchte, nicht durch eine gesetz- oder sittenwidrige Handlung erlangt hatte; übrigens würde das Vorliegen dieses Tatbestandes die gleichzeitige Anwendung des § 266 StGB. nicht ausgeschlossen haben. (I, 24. September 1937.)

Amtl. Sammlg. S. 333—336.
Vgl. Bd. 6 S. 75; Bd. 14 S. 401; Bd. 26 S. 227; Bd. 38 S. 266; Bd. 42 S. 424; Bd. 71 S. 418, Bd. 63 S. 186; Bd. 66 S. 281; Bd. 71 S. 90.

127. **Sachverständigenbeweis. Aufklärungspflicht.** (StGB. § 51; StPO. §§ 81, 155, 244, 245.) Der Verteidiger beantragte, den Angeklagten zur Vorbereitung eines Gutachtens über seinen Geisteszustand in eine Anstalt verbringen zu lassen. Das Gericht legte den Antrag zwei Sachverständigen vor, die zur Verhandlung geladen waren. Der eine Sachverständige erklärte die Fähigkeit des Angeklagten, das Unerlaubte seiner Tat einzusehen, zwar für beschränkt, aber doch keineswegs in dem Maße, daß das Vorliegen des § 51 Abs. 2 StGB. bejaht werden müßte. Der andere Sachverständige bezeichnete den Angeklagten als von Natur aus schwachsinnig und hielt es für möglich, daß § 51 Abs. 2 für den Angeklagten zutreffe; er befürwortete den Antrag des Verteidigers. Das Schwurgericht lehnte den Antrag ab, weil nach dem ausführlichen Gutachten des ersten Sachverständigen die Frage der Zurechnungsfähigkeit des Angeklagten für das

Gericht keiner weiteren Klärung bedürfe. Das verstieß gegen die Vorschriften über das Beweisrecht und die richterliche Aufklärungspflicht. Allerdings entscheidet das Gericht über den Beweis durch Sachverständige und über eine Unterbringung des Angeklagten zur Beobachtung seines Geisteszustandes nach freiem Ermessen; aber auch das freie Ermessen wird von dem obersten Grundsatz des Beweisverfahrens beherrscht, daß alles geschehen muß, was zur Erforschung der Wahrheit notwendig ist. Das Gericht darf die Vernehmung eines Sachverständigen nicht ablehnen, wenn es sich um Fragen handelt, für die dem Gericht die eigene Sachkunde nach der Erfahrung des Lebens fehlt. Das muß auch gelten, wenn ein Sachverständiger erklärt, daß er möglicherweise zu einem anderen Ergebnis als der andere Sachverständige kommen werde, und die Mittel und Wege bezeichnet, die ihm eine endgültige Stellungnahme ermöglichen; hier darf der Richter sich nicht mit dem Gutachten des einen Sachverständigen begnügen. Das Schwurgericht hatte weitere Beweisanträge als unerheblich bezeichnet, ohne die Tatsachen anzugeben, aus denen sich nach seiner Auffassung die Unerheblichkeit ergab. Auch das verstieß gegen die dem Gericht obliegende Aufklärungspflicht. (IV, 24. September 1937.) Amtl. Sammlg. S. 336—339.

Vgl. JW. 1936 S. 1976.

128 **Blutschutz.. Irrtum.** (StGB. § 59; BlutSchG. § 5.) Ein Jude, der mit einem deutschblütigen Mädchen geschlechtlich verkehrt hatte, berief sich darauf, daß das Mädchen ihm glaubhaft versichert habe, ihre Mutter sei Jüdin. Das Landgericht sprach ihn frei mit der Begründung, daß er sich um einen strafbegründenden Tatumstand geirrt habe. Die Revision des Staatsanwalts hatte keinen Erfolg; das Reichsgericht bemerkte aber, daß ein Jude, der in Deutschland mit einer Staatsangehörigen außerehelich verkehren will, die Rechtspflicht hat, sich über die Rasse, der sie angehört, gewissenhaft zu unterrichten. Begnügt er sich mit einer durch nichts belegten Erklärung des Mädchens über seine angebliche jüdische Abstammung, so liegt der Verdacht nahe, daß er dem gesetzlichen Verbot mit bedingtem Vorsatz zuwidergehandelt hat. Das genügt zur Verurteilung. Bei der Anwendung des Blutschutzgesetzes muß die Gefahr vermieden werden,

daß ein Weg zur Umgehung des Gesetzes eröffnet wird, das den Fortbestand des deutschen Volkes für alle Zukunft sichern soll. (V, 27. September 1937.)

Amtl. Sammlg. S. 339—341.

129. Hehlerei. Ersatzhehlerei. Entsprechende Anwendung. Fortsetzungszusammenhang. Wahlfeststellung. (StGB. §§ 2, 26, 259; StPO. §§ 155, 244, 267 b.) Zwei Männer hatten in zahlreichen Fällen Lebens- und Genußmittel gestohlen; ihre Frauen hatten die gestohlenen Sachen mitverzehrt. Ihre Verurteilung wegen fortgesetzter Hehlerei wurde nur insoweit gebilligt, als es sich um Taten nach dem 1. September 1935 handelte. Bis dahin war nach ständiger Rechtsprechung in dem bloßen Mitverzehren gestohlener Sachen innerhalb des gemeinschaftlichen Haushalts keine Hehlerei zu erblicken, weil es den Frauen nicht darauf ankam, die Lebens- und Genußmittel in ihre eigene Verfügungsgewalt zu übernehmen. Nach dem 1. September 1935 konnte aber auf Grund des § 2 StGB. ein solches Verhalten bestraft werden, wenn es dem gesunden Volksempfinden widersprach. Das traf zu, wenn die angeklagten Frauen nicht nur den notwendigen Lebensunterhalt angenommen hatten, den ihre Männer zu leisten verpflichtet waren, sondern dieses Maß weit überschritten hatten. Ein solcher Mitgenuß eines Überflusses an strafbar erworbenen Sachen verdient nach gesundem Volksempfinden Bestrafung. Dies entspricht auch dem Grundgedanken des § 259 StGB., wonach eine Strafe eintreten soll, wenn jemand aus Eigennutz zum Nachteil des Geschädigten einen rechtswidrigen Zustand aufrecht erhält oder sogar verschlimmert. Das Landgericht hatte die vor dem 1. September 1935 liegenden Fälle miteinbezogen auf Grund der Annahme, daß eine fortgesetzte Handlung vorliege. Das ging nicht an. Fortgesetzte Handlungen sind allerdings im Fall eines Wechsels der Gesetzgebung regelmäßig nach den Vorschriften zu beurteilen, die am Ende der Handlungen in Kraft stehen; aber Einzelhandlungen, die zur Zeit ihrer Begehung nicht strafbar waren, dürfen in den Zusammenhang nicht einbezogen werden. — Eine der Frauen hatte von Geld, das ihr Mann gestohlen hatte, Kleider gekauft. Auch diese Tat hatte das Landgericht auf Grund des § 2 StGB. als Hehlerei beurteilt, ohne nähere Feststellungen über den Hergang beim Erwerb der Kleider zu treffen. Der Sachverhalt hätte aber soweit aufgeklärt werden müssen, daß entschieden werden konnte, ob ein Strafgesetz unmittelbar anzuwenden war. Nur ausnahmsweise, wenn es nicht möglich ist, den Sachverhalt vollkommen aufzuklären, kann es zulässig und sogar geboten sein, unter Umständen in entsprechender Anwendung der Vorschriften über Wahlfeststellungen, auf Grund unmittelbarer oder entsprechender Anwendung eines Strafgesetzes Strafe zu verhängen. Das bedarf aber in jedem Falle einer besonderen Begründung. Hätte festgestellt werden können, daß die Frau mit ihrem Manne zusammen von dem gestohlenen Gelde in Kenntnis oder mit Kennenmüssen der strafbaren Handlung Kleider eingekauft habe, so wäre § 259 StGB. unmittelbar anzuwenden gewesen, denn sie hätte in diesem Falle zum Absatz der gestohlenen Geldstücke mitgewirkt. Das gleiche hätte gelten müssen, wenn sie das gestohlene Geld an sich gebracht und alsdann für sich allein die Einkäufe vorgenommen hätte. Daß sie bei dem Ankauf der Kleidungsstücke in solcher Weise mitgewirkt hatte, war nach der Lebenserfahrung wahrscheinlich. Solange in dieser Richtung keine Aufklärung des Tatbestandes unternommen war, konnte nicht geprüft werden, ob für eine entsprechende Anwendung des § 259 StGB. ein Anlaß bestand. (I, 28. September 1937.) Amtl. Sammlg. S. 341—344.

Vgl. Bd. 39 S. 308; Bd. 62 S. 1; Bd. 70 S. 173, 277, 377; JW. 1936 S. 1229, 3014.

130. **Untreue.** (StGB. § 266; HGB. § 312.) Eine Aktiengesellschaft und eine Genossenschaft führten einen Betrieb auf gemeinschaftliche Rechnung. Der Vorstand der Aktiengesellschaft machte dem Rechner der Genossenschaft Zuwendungen, die weit über das übliche Maß hinausgingen; er veranlaßte diesen auf solche Weise, seine Überwachungspflicht zu vernachlässigen, so daß er die Genossenschaft zugunsten der Aktiengesellschaft erheblich übervorteilen konnte. Das Verhalten des Vorstandes der Aktiengesellschaft erfüllte den Tatbestand der Untreue, jenes des Rechners der Genossenschaft den Tatbestand der Beihilfe hiezu. Dem stand nicht im Wege, daß der Aktiengesellschaft durch das Vorgehen ihres Vorstandes höhere Beträge zuflossen, als sie infolge der Zuwendungen an den

Rechner der Genossenschaft eingebüßt hatte. Der Gewinn war sehr unsicher, dem der Anspruch der Genossenschaft auf eine vertragsmäßige Abrechnung und Auseinandersetzung blieb bestehen, belastete also das Vermögen der Aktiengesellschaft. Pflichtmäßiges und pflichtwidriges Handeln in der geschäftlichen Tätigkeit der Gesellschafts- und Genossenschaftsvorstände scheidet sich dort, wo die Grenze der ordnungsmäßigen Geschäftsführung eines gewissenhaften und ehrbaren Geschäftsmannes liegt. Ein grob unehrliches Verhalten, wie es der Vorstand der Aktiengesellschaft eingeschlagen hatte, war im Sinne des Tatbestands der Untreue auch dann pflichtwidrig, wenn es für die Aktiengesellschaft gewisse Vorteile erwarten ließ. Im Sinne dieses Tatbestands kann ein Nachteil niemals durch den Erfolg einer groben Unredlichkeit, die mit der Untreuehandlung verbunden ist, aufgewogen und damit für das Gesamtergebnis beseitigt werden. Ob auch schon eine geringe Unlauterkeit (z. B. unlauterer Wettbewerb durch Zahlung von Schmiergeld) genügen könnte, um den Tatbestand der Untreue zu erfüllen, blieb dahingestellt. Für den inneren Tatbestand genügte die Kenntnis des Vorstands der Aktiengesellschaft, daß er zu unentgeltlichen Zuwendungen keine Befugnis besaß und daß diese also zum Nachteil des Betriebs und seiner Ergebnisse geschahen. (I, 1. Oktober 1937.)

Amtl. Sammlg. S. 344—347.

Vgl. Bd. 49 S. 358; Bd. 65 S. 430; Bd. 69 S. 203; JW. 1935 S. 2638.

131. **Vorzeigen unzüchtiger Darstellungen. Entsprechende Anwendung. Beleidigung.** (StGB. §§ 2, 184.) Zwei vierzehnjährige Mädchen wurden auf der Straße von einem ihnen unbekannten Manne angesprochen; er ging eine Strecke mit ihnen und zeigte ihnen unzüchtige Abbildungen. Als die Mädchen ihn aufforderten, sie in Ruhe zu lassen, entfernte er sich. Das Landgericht stellte fest, daß auf das Verhalten des Angeklagten kein Strafgesetz unmittelbar Anwendung finde. Wegen Beleidigung konnte er nicht bestraft werden, da die gesetzlichen Vertreter der Mädchen es abgelehnt hatten, Strafantrag zu stellen. § 184 StGB. traf nicht zu, da der Angeklagte die unzüchtigen Darstellungen nicht einer unbestimmten Anzahl von Personen, sondern nur den beiden Mädchen vorgezeigt

hatte. Das Landgericht hatte ihn gleichwohl auf Grund dieser Vorschrift in Anwendung des § 2 StGB. verurteilt. Das Reichsgericht hob das Urteil auf. Für eine Bestrafung im Wege der Rechtschöpfung nach § 2 StGB. ist nur dann Raum, wenn es sich darum handelt, unbeabsichtigte Lücken des Gesetzes zu schließen und Fälle zu erfassen, auf die der Wortlaut des Gesetzes nicht zutrifft, die aber der Gesetzgeber vermutlich unter Strafe gestellt hätte, wenn er bei der Abfassung des Gesetzes an sie gedacht hätte. Der Gesetzgeber hat aber in diesem Falle ganz bestimmte Grenzen gezogen, indem er einerseits die öffentliche Ausstellung unzüchtiger Bilder (§ 184 Nr. 1), anderseits die entgeltliche Überlassung solcher Bilder an Personen unter 16 Jahren (§ 184 Nr. 2) mit Strafe bedroht. Daraus ist eindeutig zu entnehmen, daß der Gesetzgeber das unentgeltliche Vorzeigen solcher Bilder an Personen unter 16 Jahren nicht unter Strafe nehmen wollte. Ob die Anwendung des § 2 StGB. schon deshalb ausgeschlossen war, weil eine Bestrafung wegen Beleidigung möglich gewesen wäre, wenn ordnungsmäßige Strafanträge vorgelegen hätten, blieb unerörtert. (V, 7. Oktober 1937.) Amtl. Sammlg. S. 347—348. Vgl. Bd. 70 S. 175, 186, 220, 362, 369; Bd. 71 S. 196.

132. Unzüchtige Handlung. Beleidigung. Irrtum. (StGB. §§ 59, 176, 185.) Die Vornahme unzüchtiger Handlungen mit einem 14jährigen Mädchen wurde als Beleidigung bestraft. Das Reichsgericht bestätigte das Urteil. Der Angeklagte hatte sich darauf berufen, daß das Mädchen mit seinem Vorgehen einverstanden gewesen sei. Nach ständiger Rechtsprechung ist aber bei einem Mädchen unter 18 Jahren darin, daß sie in eine unzüchtige Handlung einwilligt, nur dann ein Verzicht auf ihre Geschlechtsehre zu finden, wenn sie nicht bloß die Bedeutung der Tat als einer unzüchtigen Handlung, sondern auch den Begriff der Geschlechtsehre erfaßt hat und erkennt, daß die Duldung einer solchen Handlung die Preisgabe der Geschlechtsehre in sich schließen kann. Ein solcher Ausnahmefall lag hier nicht vor. Nach der Feststellung des Landgerichts war das Mädchen noch völlig kindlich und hatte noch kein rechtes Verständnis für die weibliche Geschlechtsehre; der Angeklagte war sich dessen auch bewußt, konnte also einen Verzicht, der ihn straflos gemacht hätte, nicht annehmen. Darauf, ob das Mädchen die Handlung als Beleidigung empfand, kam es nicht an. (V, 7. Oktober 1937.) Amtl. Sammlg. S. 349—350. Vgl. Bd. 29 S. 398; Bd. 41 S. 392; Bd. 45 S. 384; Bd. 60 S. 34; Bd. 70 S. 250.

133. Unzucht mit Tieren. Wahlweise Feststellung. (StGB. §§ 2, 175 b.) Eine Dirne nahm auf Veranlassung eines Mannes, der mit ihr geschlechtlich verkehren wollte, Reizungen an dem Geschlechtsteil eines Hundes vor, bis bei diesem geschlechtliche Erregung eintrat; der Zweck war, die Sinnenlust des Mannes anzuregen. Beide wurden wegen Unzucht mit einem Tier verurteilt. Die Revision des Mannes wurde verworfen. Nach der früheren Rechtsprechung gehörte zum Begriff der Unzucht mit einem Tier, daß der Täter mit seinem Geschlechtsteil den Körper des Tieres berührte und beischlafähnliche Handlungen vornahm in der Absicht, sich geschlechtlich zu befriedigen. Diese Auffassung war zu eng; sie war schon durch den Wortlaut des früheren Gesetzes nicht geboten und kann nach dem jetzigen Rechtsempfinden nicht mehr aufrecht erhalten werden. Festzuhalten ist nur, daß der Täter den Körper des Tieres berührt; gleichgültig ist, ob er die Berührung mit seinem Geschlechtsteil vornimmt oder ob er den Geschlechtsteil des Tieres berührt. Ebenso ist an dem Erfordernis der Beischlafähnlichkeit festzuhalten. Es kommt aber hiefür nicht darauf an, ob die Handlung im äußeren Geschehen mehr oder weniger dem natürlichen Geschlechtsverkehr ähnelt, sondern darauf, ob dadurch eine geschlechtliche Befriedigung, ähnlich der, die mit dem natürlichen Geschlechtsverkehr verbunden ist, herbeigeführt werden soll. Wie es beim widernatürlichen Verkehr unter Männern genügt, daß die Befriedigung nur bei einem der beteiligten Männer eintritt, so ist der Tatbestand in diesem Falle auch dann zu bejahen, wenn nur die Geschlechtslust des Tieres erregt und befriedigt werden soll. Ob erforderlich ist, daß der Täter zur Erregung seiner eigenen Sinneslust handelt, konnte auf sich beruhen, da dies im vorliegenden Falle für den Angeklagten festgestellt war. Daß er die widernatürlichen Handlungen nicht selbst, sondern durch die Mittäterin als sein Werkzeug vorgenommen hatte, war unerheblich. Wann die Tat vorgenommen worden war, konnte nicht genau festgestellt werden; das Landgericht hatte deshalb entschieden, daß entweder das alte oder das neue Recht verletzt worden sei. Das Reichsgericht erklärte das für zulässig. (III, 11. Oktober 1937.) Amtl. Sammlg. S. 350—353. Vgl. Bd. 3 S. 200; Bd. 23 S. 289; Bd. 48 S. 235; Bd. 71 S. 281.

134. **Gesellschaft mit beschränkter Haftung. Einmanngesellschaft. Zwecksparunternehmung. Untreue. Untersagung der Berufsausübung. Notwendige Verteidigung. Aussetzung der Hauptverhandlung.** (StGB. §§ 42 e, 266; GmbHG. §§ 81, 82; ZweckSpG. §§ 19, 20; StPO. §§ 140, 145, 265.) Der Leiter einer G.m.b.H., die ein Zwecksparunternehmen betrieb, wurde wegen Untreue angeklagt. Er erschien zur Hauptverhandlung mit zwei Verteidigern. Einer der Verteidiger legte während der Verhandlung die Verteidigung nieder, weil ihm der Angeklagte Vorwürfe gemacht hatte; der andere Verteidiger bat um Aussetzung der Verhandlung, weil er die Verantwortung für die Verteidigung auf dem Gebiete, das bisher der andere Verteidiger bearbeitet hatte, nicht ohne weiteres übernehmen könne. Das Gericht lehnte den Antrag ab, weil der Angeklagte sich durch die Vorwürfe gegen den einen Verteidiger selbst in diese Lage gebracht habe. Das Reichsgericht hob aus diesem Grunde das Urteil auf. Es handelte sich um einen Fall der notwendigen Verteidigung, da Untersagung der Berufsausübung in Frage kam. Nur ein Verteidiger, der den Stoff völlig beherrscht, kann die notwendige Verteidigung mit der Sicherheit führen, die das Gesetz für erforderlich hält, um die Findung des richtigen Rechts zu gewährleisten. Der Fall lag besonders schwierig, weil nicht klar war, welche Stellung der Angeklagte bei der G.m.b.H. innehatte. Die Strafdrohungen, die in Frage kamen, richten sich zum Teil nur gegen die Geschäftsführer, nicht aber auch gegen sonstige Bevollmächtigte. Daß der Angeklagte der einzige Gesellschafter war, schloß nicht aus, daß er sich einer Untreue gegen die Gesellschaft schuldig machte. Gerade bei Zwecksparunternehmungen darf die Fähigkeit, die Pflichten der Gesellschaft gegenüber ihren Gläubigern, vor allem den Sparern gegenüber, zu erfüllen, nicht gefährdet werden. (V, 20. Sept. 1937.) Amtl. Sammlg. S. 353—356. Vgl. Bd. 40 S. 191; Bd. 42 S. 278.

135. Blutschutz. Arbeitsverhältnis. (BlutSchG. §§ 3, 5; 1. AusfVO. § 12.) Ein Jude, der ein Rittergut besaß, beschäftigte dort eine deutschblütige Hausschneiderin mehrere Wochen lang. Sie wurde während dieser Zeit im Haushalt verpflegt und war in einem Zimmer des Schlosses untergebracht. Als Vergütung erhielt sie neben freier Wohnung und Verpflegung täglich 2.50 *RM*. Gegenüber der Anklage wegen eines Vergehens gegen das Blutschutzgesetz wandte der Angeklagte ein, daß ein Arbeitsverhältnis im Sinne dieses Gesetzes nicht vorgelegen habe. Die Verteidigung drang nicht durch. Rechtlich ist es allerdings möglich, daß eine Hausschneiderin auf Grund eines Werkvertrages arbeitet, z. B. wenn sie nur zur Fertigung eines bestimmten Kleides verpflichtet worden ist. Das war aber hier nicht der Fall; die Schneiderin hatte sowohl neue Kleider für die Frau des Angeklagten anzufertigen als auch Wäsche und Anzüge für die Kinder auszubessern. Es kann aber unter dem Gesichtspunkt des Blutschutzgesetzes auf die Unterscheidung zwischen Dienstvertrag und Werkvertrag nicht ankommen. Das Gesetz geht davon aus, daß durch die Aufnahme einer noch nicht 45 Jahre alten deutschblütigen Staatsangehörigen in einen jüdischen Haushalt, in dem sie auf Grund einer privatrechtlichen Verpflichtung irgendwelche Arbeiten zu leisten hat, das deutsche Blut und die deutsche Ehre gefährdet werden. Der Begriff des Arbeitsverhältnisses bedarf hienach einer besonderen Auslegung, welche die besonderen Zwecke des Gesetzes zu berücksichtigen hat. Wenn der Angeklagte sich über den Begriff des Arbeitsverhältnisses irrte, konnte ihn das nicht entlasten. Der Begriff ist zwar nicht im Gesetz selbst, sondern in der Ausführungsverordnung enthalten; deren Bestimmungen gehören aber nicht zum Gesetz selbst, weil dieses zu seiner Erläuterung und Ergänzung ausdrücklich auf die Verordnung hinweist. Es lag also nur ein unbeachtlicher Strafrechtsirrtum vor. (IV, 8. Oktober 1937.)

Amtl. Sammlg. S. 356—358.
Vgl. Bd. 70 S. 353.

136. Strafantrag. Schriftform. (StPO. § 158.) Ein Seeoffizier reichte bei dem Kommando der Marinestation der Nordsee ein an die Staatsanwaltschaft gerichtetes und von ihm unterzeichnetes Schreiben ein, worin er wegen einer ihm zugefügten Beleidigung Strafantrag stellte. Das Kommando gab nur eine Abschrift des Schreibens an die Staatsanwaltschaft weiter. Das Reichsgericht entschied, daß das genügte. Wenn das Gesetz eine schriftliche Form des Strafantrags verlangt, will es eine sichere Grundlage dafür schaffen, daß der Verletzte die Strafverfolgung ernstlich beabsichtigt. Diese Gewähr ist auch dann vorhanden, wenn die vorgesetzte Behörde zunächst nur eine Abschrift des in ihrer Verwahrung bleibenden Strafantrags an die Staatsanwaltschaft weitergibt. (III, 11. Oktober 1937.) Amtl. Sammlg. S. 358—359.

Vgl. Bd. 67 S. 53; Bd. 68 S. 120.

137. **Offenbarungseid.** (StGB. §§ 153, 263; BGB. §§ 260, 2027.) Eine Frau hatte über den Bestand eines Nachlasses einen Offenbarungseid zu leisten. Sie führte in dem Verzeichnis, das sie zu diesem Zweck vorlegte, auch einen Schuldposten an, der nicht mehr bestand. Das Schwurgericht erklärte das für rechtlich unerheblich, weil die Offenbarungspflicht sich nur auf den Bestand des Nachlasses, nicht aber auf die Schulden erstreckt habe. Das Reichsgericht erkannte diese Auffassung als zutreffend an. Die Sache wurde zurückverwiesen zur Prüfung, ob in dem Verhalten der Angeklagten nicht ein Betrugsversuch zu finden war. (V, 14. Oktober 1937.)

Amtl. Sammlg. S. 360—361.

138. **Erzieher. Ferienkind.** (StGB. § 174.) Ein Wohlfahrtsamt wies ein 13jähriges Mädchen einer fremden Familie als Ferienkind zu. Der Familienvorstand nahm mit dem Kinde unzüchtige Handlungen vor. Er wurde wegen Verbrechen wider die Sittlichkeit verurteilt; dabei wurde angenommen, daß er als Pflegevater des Kindes zu erachten gewesen sei. Das erklärte das Reichsgericht für unrichtig. Durch die Zuweisung des Kindes, dessen Eltern noch lebten, zwar zwischen diesem und dem Angeklagten kein Verhältnis hergestellt worden, das dem natürlichen Verhältnis zwischen Eltern und Kindern entsprach. Dagegen war der Angeklagte als Erzieher des Kindes anzusehen. Die Zeitverhältnisse erfordern eine Ausdehnung des Begriffes des Erziehers. Ein Kind, das für mehrere Wochen der Obhut der Eltern entzogen wird, kann während dieser Zeit nicht ohne sorgfältige und verantwortungsbewußte Überwachung und Er-

ziehung in körperlicher, geistiger und sittlicher Beziehung bleiben; die daraus erwachsenden Aufgaben fallen, wenn auch nicht ausschließlich, so doch in weitgehendem Maße der Familie zu, der das Kind zugeteilt wird. (V, 25. Oktober 1937.) Amtl. Sammlg. S. 362—363.

Vgl. Bd. 71 S. 274; JW. 1929 S. 594.

139. **Kindsmißhandlung.** (StGB. §§ 223, 228.) Bei Kindsmißhandlung ist die Annahme mildernder Umstände zulässig, obwohl in § 228 StGB. der § 223 b nicht angeführt ist. Früher war die Kindsmißhandlung im § 223 a behandelt; bei der Erweiterung des Kreises der geschützten Personen im Mai 1933 wurde diese Bestimmung in § 223 b eingestellt. Daraus ergibt sich, daß § 223 b nur eine Ergänzung des § 223 a sein soll. (II, 25. Oktober 1937.) Amtl. Sammlg. S. 363—364.

140. **Mittäterschaft. Beihilfe. Wahlweise Feststellung.** (StGB. §§ 2, 47, 49.) Zwei Männer beschlossen, eine geisteskranke Frau geschlechtlich zu mißbrauchen. In der Hauptverhandlung konnte, da die Frau keine Aussage machte, nicht festgestellt werden, wieweit jeder von ihnen an der Ausführung der Tat beteiligt war. Sie wurden als Mittäter verurteilt. Das Reichsgericht verwies die Sache zurück. Wenn nur einer der Angeklagten mit der Frau geschlechtlich verkehrte, konnte der andere nur dann als Mittäter verurteilt werden, wenn er diese Tat als eigene wollte; andernfalls konnte er nur als Gehilfe in Strafe genommen werden. Ließ sich nicht feststellen, welcher der beiden Angeklagten den Beischlaf mit der Frau vollzog, so blieb nichts übrig, als beide nur als Gehilfen zu bestrafen; es hätte eben festgestellt werden müssen, daß zwar eine Haupttat vorlag, daß aber nicht zu ermitteln war, wer sie begangen hatte. Für wahlweise Feststellung ist bei einem Zweifel, ob die schwerere Form der Mittäterschaft oder die leichtere der Beihilfe vorliegt, kein Raum; vielmehr muß, wenn die Zweifel darüber nicht zu beheben sind, nach einem allgemeinen strafrechtlichen Grundsatz die leichtere Form angenommen werden. (IV, 26. Oktober 1937.)

Amtl. Sammlg. S. 364—365.

Vgl. Bd. 3 S. 181; Bd. 71 S. 350.

141. **Devisenvergehen. Straffreiheit.** (DevVO. 1932 §§ 3, 4, 13, 36 Nr. 3, 7; StrafFrG. vom 15. Dezember

1936.) Ein Kaufmann, der sich mit der Einfuhr von Häuten und Fellen aus Dänemark nach Deutschland befaßte, wurde wegen einer Reihe von Verfehlungen gegen das Devisenrecht verurteilt.

1. Im Jahre 1934 erwarb er in zwei Fällen mit Genehmigung der Devisenstelle von der Reichsbank Forderungen in ausländischer Währung zur Durchführung bestimmter Geschäfte und ließ sie an eine dänische Bank überweisen. Nachdem die beabsichtigten Geschäfte nicht zustande kamen, verwandte er die Forderungen für andere Zwecke. (DevVO. §§ 4, 36 Nr. 3.)

2. Als im Jahre 1933 sein Devisenbetrag erschöpft war, vereinbarte er mit einem anderen Kaufmann, dem noch ein unausgenutztes Devisenkontingent zur Verfügung stand, er wolle seine Einfuhrgeschäfte zum Schein auf dessen Namen abschließen; dieser beantragte dann gegen eine gewisse Vergütung die Genehmigung. In einem weiteren Falle suchte er eine Genehmigung unter der falschen Vorspiegelung zu erlangen, daß die leicht verderbliche Ware schon in Hamburg eingetroffen sei. (Dev.-VO. § 36 Nr. 7.)

3. Ohne Genehmigung schloß er mit den Händlern in Dänemark eine Reihe von Austauschgeschäften ab und unterließ es, sie über die Verrechnungsstelle zu leiten. (DevVO. §§ 13, 36 Nr. 3.)

Seine Revision wurde verworfen.

1. Da der Angeklagte bei der dänischen Bank in Schuld stand, war schon die in seinem Auftrag vorgenommene Überweisung der Forderungen an diese Bank strafbar; er gab damit die tatsächliche Möglichkeit aus der Hand, über die Forderungen zu dem genehmigten Zweck zu verfügen. Damit wurde auch die Genehmigung selbst unwirksam. Anders wäre die Rechtslage nur dann zu beurteilen gewesen, wenn der Angeklagte nach seinen Verabredungen mit der dänischen Bank die Gewißheit hätte haben können, daß diese den Betrag nicht zur Aufrechnung verwenden, ihm zum mindesten jederzeit neuen Kredit in der Höhe der überwiesenen Forderungen eröffnen werde; dann hätte es dem Angeklagten an dem erforderlichen Vorsatz gefehlt. Unter allen Umständen verfügte aber der Angeklagte ohne Genehmigung über die ihm zugewiesenen Forderungen, indem er sie zu anderen Ge-

schäften verwandte, als bei der Genehmigung angenommen worden war. Die Verurteilung nach §§ 4, 36 Nr. 3 DevVO. war also begründet.

2. Die Annahme des Landgerichts, daß der Angeklagte in Mittäterschaft mit dem anderen Kaufmann unrichtige Angaben gemacht habe, um eine Genehmigung zu erschleichen, traf zu. Es machte nichts aus, daß nicht er selbst die Angabe gemacht hatte. Strafbar ist jeder, der mit Wissen und Willen unrichtige Angaben an die zuständige Stelle gelangen läßt, auch wenn das durch Vermittlung eines anderen geschieht, der als Antragsteller auftritt, sei dieser nun bösgläubig oder gutgläubig. In allen Fällen hatte der Angeklagte die erschlichenen Genehmigungen auch tatsächlich ausgenutzt, um damit seine Verbindlichkeiten aus Geschäften zu decken, für die eine Genehmigung nicht erteilt war, die also durch die Genehmigung auch nicht gerechtfertigt wurden. Das tat er in der Weise, daß er die genehmigten Beträge auf eine dänische Bank überweisen ließ und dann darüber verfügte. Die Erschleichung der Genehmigung verstieß gegen § 36 Nr. 7 DevVO., der Erwerb von Forderungen in ausländischer Währung ohne Genehmigung gegen § 36 Nr. 1 DevVO., und die Verfügung über diese Forderungen gegen § 36 Nr. 3 DevVO. Die Genehmigungserschleichung wurde durch die späteren Handlungen des Angeklagten nicht berührt; namentlich bestand keine Gesetzeseinheit, sondern Tatmehrheit. Dagegen wurde durch den Erwerb der Forderungen ohne Genehmigung nur eine Gefahrenlage geschaffen, die durch die Verfügung über die Forderungen, die eigentliche Verletzungstat, aufgezehrt wurde.

3. Die Durchführung ungenehmigter privater Verrechnungsgeschäfte verstieß gegen die §§ 13, 36 Nr. 3 DevVO. Daß nicht der Angeklagte, sondern sein dänischer Vertragsgegner die Aufrechnung erklärte, stand nicht entgegen, da der Wille des Angeklagten von vornherein darauf gerichtet gewesen war, eine Lage zu schaffen, die eine solche Aufrechnung ermöglichte. Unter solchen Umständen bestand kein Bedenken dagegen, die maßgebende Verfügung schon in dem Schaffen der Aufrechnungsmöglichkeit zu finden.

Während des Revisionsverfahrens hatte der Angeklagte mehrere Forderungen in ausländischer Währung und kleine Beträge in dänischen Noten der Reichsbank angeboten. Das genügte nicht, ihm Straffreiheit zu verschaffen. Straffreiheit ist nur, wer am 16. Dezember 1936 den devisenrechtlichen Vorschriften zuwider Vermögen im Ausland stehen hatte und bis zum Ablauf des 31. Januar 1937 die Werte, auf die sich die strafbare Handlung bezog, der Reichsbank anbot; es muß also ein Zusammenhang zwischen der Tat und den angebotenen Werten bestehen. Der Angeklagte hatte zunächst der Reichsbank eine Forderung von 120 dänischen Kronen angeboten, die er als Schadenersatz wegen des Nichtzustandekommens eines der unter 1 bezeichneten Geschäfte erhalten hatte. Durch dieses Angebot war der Angeklagte insofern straffrei geworden, als er vor dem 16. Dezember 1936 unterlassen hatte, diese Forderung fristgemäß der Reichsbank anzubieten; diese Tat stand aber nicht unter Anklage, und das Vergehen gegen § 36 Nr. 3 DevVO., wegen dessen der Angeklagte verurteilt wurde, hatte mit ihr keinen Zusammenhang. Ein solcher ist gegeben, wenn die Devisenzuwiderhandlungen hinsichtlich der Zahlungsmittel und sonstigen Werte begangen worden sind, die der Täter zum Erwerb der angebotenen Werte unmittelbar oder mittelbar verwandt hat. Das traf nicht zu. Ein Zusammenhang wird weiter auch für solche Taten angenommen, welche die Nichtanbietungstat vorbereiten, sichern oder decken sollen; aber auch ein solcher Zusammenhang war hier nicht gegeben. Übrigens würde das Angebot eines so geringfügigen Devisenbetrags, das das Einbringen im Interesse der Devisenbewirtschaftung nach den Umständen des Falles nicht lohnte, auch nicht geeignet sein, die Straffreiheit zu begründen. (III, 28. Oktober 1937.)

Amtl. Sammlg. S. 366—374.
Vgl. Bd. 67 S. 401, 429; Bd. 68 S. 136, 147, 315; Bd. 70 S. 400; Bd. 71 S. 318; JW. 1933 S. 1774; 1934 S. 2339.

142. **Aussageerpressung. Irrtum.** (StGB. §§ 59, 343.) Ein Amtsvorsteher bedrohte einen jugendlichen Angeschuldigten, den er zu vernehmen hatte, mit Ohrfeigen, um von ihm das Geständnis eines Diebstahls zu erreichen. Wegen Aussageerpressung angeklagt, berief er sich darauf, daß er sein Vorgehen für erlaubt gehalten habe. Das Landgericht verurteilte ihn; das Reichsgericht sprach ihn

frei. Die Strafvorschrift spricht von einem Anwenden von Zwangmitteln, um die Aussage zu erpressen. Daraus ist zu entnehmen, daß es sich um Zwangsmittel handeln muß, die dem Täter nicht erlaubt sind. Es fehlt an dem inneren Tatbestand, wenn der Täter irrtümlich das Zwangsmittel, das er anwendet, für erlaubt erachtet. (II, 28. Oktober 1937.) Amtl. Sammlg. S. 374—375. Vgl. Bd. 6 S. 82; Bd. 25 S. 366; Bd. 54 S. 152; Bd. 60 S. 3.

143. **Bankerott. Gesetzeseinheit.** (KO. § 239.) Mehrere Bankerotthandlungen, die sich auf dieselbe Konkurseröffnung beziehen, bilden strafrechtlich eine Einheit. Das trifft aber nicht zu für eine Bankerotthandlung, die der Gemeinschuldner erst begangen hat, nachdem er wegen der übrigen Bankerotthandlungen schon verurteilt worden ist. Eine Handlung, die nicht abgeurteilt werden konnte, weil sie zur Zeit des Urteils noch nicht begangen war, kann mit den abgeurteilten Handlungen keine strafrechtliche Einheit bilden, auch wenn sie sich auf dieselbe Konkurseröffnung bezieht. (V, 18. November 1937.) Amtl. Sammlg. S. 375—376. Vgl. Bd. 66 S. 45.

144. **Notzucht. Beleidigung. Gesetzeseinheit.** (St.-GB. §§ 176, 185.) Wird eine Frau, die sich in bewußtlosem Zustand befindet, zum außerehelichen Beischlaf mißbraucht, so liegt zwar darin stets auch eine gegen sie gerichtete Ehrenkränkung; der Tatbestand des § 176 Nr. 2 ist aber gegenüber dem des § 185 der engere, der die Anwendung der weiteren Strafvorschrift ausschließt. (V, 18. November 1937. Amtl. Sammlung. S. 376. Vgl. Bd. 65 S. 337; Bd. 68 S. 25; Bd. 70 S. 333.

145. **Öffentlichkeit.** (GVG. § 173; StPO. §§ 268, 338.) Die Hauptverhandlung hatte unter Ausschluß der Öffentlichkeit stattgefunden; die Öffentlichkeit wurde aus Versehen auch für die Verkündung des Urteils nicht wiederhergestellt. Die hierauf gestützte Revision hatte keinen Erfolg. Es ist allerdings ein unbedingter Revisionsgrund, wenn das Urteil auf Grund einer mündlichen Verhandlung ergangen ist, in der die Vorschriften über Öffentlichkeit des Verfahrens verletzt worden sind; der Ausdruck „mündliche Verhandlung" umfaßt aber nicht die ganze Hauptverhandlung einschließlich des Urteils, son-

dern nur die Verhandlung zwischen dem Gericht und den Beteiligten, schließt also gerade die Urteilsverkündung aus. In der mündlichen Verhandlung wird durch Rede und Gegenrede die Grundlage geschaffen, auf der sich das Urteil aufbaut; daß das gewissenhaft, unter Beobachtung der Gesetze geschieht, daran hat auch die Öffentlichkeit, die Allgemeinheit der Volksgenossen, ein Interesse. Bei der Urteilsverkündung liegt aber die Entscheidung schon fertig vor; hier kann die Öffentlichkeit nicht mehr gestaltend auf die Urteilsbildung einwirken. Zu prüfen war hienach nur, ob das angefochtene Urteil nicht auf dem Verstoß beruhte. Auch das war zu verneinen; aus den dem Reichsgericht vorliegenden Erklärungen ergab sich mit Sicherheit, daß lediglich vergessen worden war, die Öffentlichkeit vor Verkündung des Urteils wiederherzustellen. Eine völlige Nichtigkeit des Urteils, die dazu geführt hätte, daß es der Rechtskraft nicht fähig wäre, nicht vollstreckt werden dürfte und daß die Nichtigkeit jederzeit geltend gemacht werden könnte, war schon darum nicht anzunehmen, weil ein Verstoß gegen die Vorschriften über Öffentlichkeit immer nur auf ein Rechtsmittel hin zu beachten ist. (III, 9. Dezember 1937.) Amtl. Sammlg. S. 377—383. Vgl. Bd. 1 S. 90; Bd. 2 S. 207, 301; Bd. 3 S. 131; Bd. 9 S. 14, 324; Bd. 16 S. 347; Bd. 22 S. 113; Bd. 32 S. 89; Bd. 40 S. 271; Bd. 43 S. 188; Bd. 47 S. 323; Bd. 56 S. 351; Bd. 61 S. 399; Bd. 66 S. 49; Bd. 69 S. 18, 175, 360, 401; RGZ. Bd. 16 S. 331; Bd. 85 S. 17; Bd. 90 S. 295; JW. 1911 S. 247; 1915 S. 1265; 1930 S. 1872; 1935 S. 1861, 2980.

146. **Blutschutz. Versuch.** (StGB. § 43; BlutSchG. §§ 2, 5.) Ein Jude versuchte ein deutschblütiges Mädchen, das mit ihm in demselben Hause wohnte, in seine Wohnung zu locken, indem er ihr Geld versprach. Das Mädchen entzog sich ihm. Die Tat erfüllte den Tatbestand eines versuchten Verbrechens gegen das Blutschutzgesetz. Der Angeklagte wollte das Mädchen zum Geschlechtsverkehr bewegen; die Handlung enthielt auch einen Anfang der Ausführung dieses Verbrechens. Daran änderte nichts, daß das Mädchen nicht einverstanden war. (III, 9. Dezember 1937.) Amtl. Sammlg. S. 383—384. Vgl. Bd. 68 S. 336; Bd. 69 S. 327; Bd. 70 S. 375; Bd. 71 S. 4, 7.

147. Anzeigepflicht. Entsprechende Anwendung. (StGB. §§ 2, 139; VolksSchutzG. § 21.) Ein Gastwirtsgehilfe erhielt von unbekannter Seite je ein Stück der „Gastwirtsgehilfenzeitung" als Drucksache durch die Post zugesandt. Die Zeitschrift enthielt keine Angabe über ihre Herkunft; sie hatte ausgesprochen hochverräterischen Inhalt. Der Empfänger sah sie flüchtig durch und verbrannte sie. Er wurde wegen eines Vergehens gegen die Verordnung zum Schutz des deutschen Volkes verurteilt, weil er keine Anzeige an die Polizei erstattet hatte. Das Reichsgericht verwies die Sache zurück. Es fehlte zunächst eine Feststellung darüber, ob der Angeklagte den hochverräterischen Inhalt der Blätter erkannt hatte, daß zu jener Zeit ein Vorrat von Druckschriften dieser Art vorhanden war und daß der Angeklagte glaubhaft Kenntnis davon besaß, endlich auch, daß der Behörde das Vorhandensein dieses Vorrats nicht bekannt war und daß der Angeklagte das wußte. Das wäre für eine Verurteilung nach dem Volksschutzgesetz notwendig gewesen. Die neue Fassung des § 139 StGB. war auf die Tat nicht anwendbar, weil diese vor dem 4. Juli 1936 begangen war; nach der alten Fassung gehörte als Bedingung der Strafbarkeit zu dem Tatbestand, daß die Tat, die anzuzeigen der Täter unterlassen hatte, mindestens versucht worden war. Die Aufforderung zu einem hochverräterischen Unternehmen fiel zu jener Zeit noch nicht unter den Sammelbegriff Hochverrat. § 139 StGB. n. F. auf den Fall entsprechend anzuwenden ging nicht an, weil es sich bei der hier fraglichen Bedingung der Strafbarkeit um eine Grenze handelte, die der Gesetzgeber bewußt gezogen hatte; daß in der neuen Fassung die Bedingung fallengelassen wurde, änderte nichts daran, daß sie für den vorliegenden Fall noch zu beachten war. In Frage konnte dagegen kommen, ob nicht § 21 VolksSchG. entsprechend angewendet werden konnte. Die Vorschrift verfolgt das Ziel, die Gefahr zu beseitigen, die aus einem Vorrat von Druckschriften der dort näher bezeichneten Art für den Bestand des Staates oder seiner Verfassung oder für das Zusammenleben der Volksgemeinschaft erwachsen kann. Diese Gefahr wird nur dann behoben, wenn die Quelle endgültig beseitigt wird. Auch wer von dem Vorhandensein einer solchen nur zeitweise fließenden Gefahrenquelle glaubhaft Kenntnis erlangt, ist nach gesundem Volksempfinden verpflichtet, der Behörde unverzüglich den Sachverhalt anzuzeigen. Das gilt auch dann, wenn nicht mit Sicherheit feststellbar ist, daß gerade in dem Zeitpunkt, in dem der Täter Kenntnis von der Druckschrift erhält, noch ein Vorrat davon vorhanden ist. Wer diese Pflicht vernachlässigt, verdient ebenso Strafe, wie der, der verabsäumt, die Behörde von dem ständigen Gefahrenzustande zu unterrichten, der in einem Vorrat liegt. Zur entsprechenden Anwendung des § 21 auf derartige Fälle gehört aber der Nachweis, daß sich die glaubhafte Kenntnis des Täters gerade auch auf die ständige Erneuerung der Gefahr erstreckt; auch kommt dabei dem Merkmal besondere Bedeutung zu, daß es sich um eine Gefahr handeln muß, die der Behörde noch unbekannt ist. Für eine Entscheidung reichten die getroffenen Feststellungen nicht aus. Belanglos war es für die Frage der unmittelbaren oder mittelbaren Anwendung des § 21, ob sich die Gefahrenquelle im Inland oder Ausland befand, sofern nur eine vom Ausland drohende Gefahr im Inland zu wirken bestimmt war. Die Ablieferungspflicht, die neben der Anzeigepflicht besteht, gilt nicht unabhängig von dieser, ist vielmehr an die gleichen Voraussetzungen geknüpft. (III, 8. November 1937.)

Amtl. Sammlg. S. 385—390.

Vgl. Bd. 42 S. 394; Bd. 67 S. 329.

148. **Verbrechen wider die Sittlichkeit. Beleidigung. Bestechung. Entsprechende Anwendung.** (StGB. §§ 2, 174, 331, 332.) Ein Geschäftsführer der NSV. nahm mit Frauen, denen er Gaben zuteilte, unzüchtige Handlungen vor. Er wurde in entsprechender Anwendung des § 174 Nr. 2 StGB. verurteilt (Vornahme unzüchtiger Handlungen von Beamten gegenüber Personen, die ihrer Obhut anvertraut sind). Das Reichsgericht verwies die Sache zurück. Eine entsprechende Anwendung des Strafgesetzes ist nur dann zulässig, wenn unmittelbar nach einem Strafgesetz keine Bestrafung möglich ist, jedenfalls nur dann, wenn die unmittelbare Anwendung eines Strafgesetzes keine angemessene, der Gerechtigkeit und dem gesunden Volksempfinden entsprechende Bestrafung ermöglicht. Die Taten des Angeklagten konnten als Beleidigungen der Frauen oder ihrer Ehemänner bestraft werden;

wenn das nicht zutraf (vielleicht, weil dem Angeklagten das Bewußtsein der Beleidigung nicht nachzuweisen war oder weil kein Strafantrag vorlag), konnte an entsprechende Anwendung anderer Strafvorschriften gedacht werden. Eine solche des § 174 StGB. erklärte das Reichsgericht für ausgeschlossen. Daß der Angeklagte nicht Beamter im Sinne des Strafrechts war, stand ihr allerdings nicht entgegen, da er immerhin eine beamtenähnliche Stellung einnahm; es bestand aber zwischen ihm und den Frauen kein Verhältnis, auf Grund dessen diese seiner Obhut anvertraut waren. Unter Obhut wird eine mit der Pflicht der Aufsicht verbundene Fürsorge verstanden, vermöge deren ein Schutzbedürfnis besteht zwischen dem, der die Aufsicht ausübt, und dem, dem sie gilt. § 174 StGB. will ganz allgemein nur solche Verhältnisse schützen, in denen die persönlichen Beziehungen leicht Gelegenheit zu unzüchtigen Handlungen geben können, während die Abhängigkeit, in der die Opfer zum Täter stehen, deren Widerstand gegen unzüchtige Handlungen zu schwächen geeignet ist. Das traf hier nicht zu. Die Frauen waren von dem Angeklagten höchstens in einem gewissen Umfang wirtschaftlich abhängig, weil sie auf sein Wohlwollen angewiesen waren; der Angeklagte hatte aber keine Aufsicht über sie zu führen. In Betracht kam dagegen eine entsprechende Anwendung der Vorschriften über Bestechung, da die Duldung unzüchtiger Handlungen für den Angeklagten einen Vorteil im Sinne des Gesetzes bildete und ein Zusammenhang mit seinen Pflichten recht wohl gegeben sein konnte. (V, 11. November 1937.)

Amtl. Sammlg. S. 390—397.

Vgl. Bd. 19 S. 255; Bd. 27 S. 346; Bd. 42 S. 261; Bd. 45 S. 88, 97, 335; Bd. 49 S. 178; Bd. 55 S. 44, 183; Bd. 57 S. 9, 84, 155; Bd. 58 S. 19; Bd. 63 S. 4; Bd. 68 S. 325; Bd. 70 S. 218, 366; Bd. 71 S. 221, 323, 350; JW. 1936 S. 609.

149. Blutschutz. Beschäftigung im Haushalt. Lehrmädchen. Alltägliche Arbeiten. (BlutSchG. §§ 3, 5; 1. AusfVO. § 12.) G., ein Jude, führte mit S., seinem Schwiegersohn und dessen Frau einen gemeinsamen Haushalt. Die Wohnung lag im ersten Stock des Hauses. Im Erdgeschoß betrieben G. und S. ein Ladengeschäft, in dem sie Kurzwaren feilhielten. Auch die Ehefrau S.

war darin tätig. Im Ladengeschäft waren zwei Lehrmädchen deutschen Blutes angestellt. Sie wurden auch zu häuslichen Arbeiten verwendet; so hatten sie regelmäßig Milch und Butter, die im Ladengeschäft abgeliefert wurden, in die Wohnung zu bringen, Kaffee aus der Wohnung in das Ladengeschäft zu holen, wovon sie dann ihren Teil erhielten, Eßwaren einzukaufen und in das Ladengeschäft zu bringen, wo sie gemeinsam verzehrt wurden, sonstige Einkäufe zu erledigen und die Waren in die Wohnung zu bringen, Wasser vom Vorhof in die Wohnung zu tragen, mit dem Kinde des Ehepaares S. spazieren zu gehen und es zum Geschäft zurückzubringen. Sowohl das Ehepaar S. als auch G. wurden wegen Vergehen gegen das Blutschutzgesetz verurteilt; ihre Revision hatte keinen Erfolg. Die Entscheidung hing davon ab, ob die Mädchen im Haushalt der Angeklagten beschäftigt waren. Der Haushalt war jüdisch, weil S. und G. ihm vorstanden, auch noch ein Sohn des G. der Hausgemeinschaft angehörte. Als beschäftigt im Haushalt gilt auch, wer mit alltäglichen, mit dem Haushalt in Verbindung stehenden Arbeiten beschäftigt ist. Ob die Arbeit als alltägliche anzusehen ist, entscheidet sich nach dem Sprachgebrauch. Nicht erforderlich ist, daß sie an jedem Tage zu erledigen ist; es genügt, daß sie regelmäßig, wenn auch in größeren oder kleineren Zeitabständen, zur Führung auf Aufrechterhaltung eines ordnungsmäßigen Haushalts erledigt werden muß. Haushaltsarbeiten sind Arbeiten, die sachlich dem Zweck des Haushalts dienen und im Regelfalle von der Hausfrau allein oder mit Hilfskräften erledigt werden. Nicht erforderlich ist, daß die Arbeiten auch räumlich in der Wohnung geleistet werden. Schon die Möglichkeit der Gefährdung durch persönliche Annäherung hat der Gesetzgeber unter Strafschutz stellen wollen. Diese Gefährdung ist auch schon möglich bei den Anweisungen, die zu den Haushaltsarbeiten erforderlich sind. Unter den Begriff fielen demnach alle oben angegebenen Tätigkeiten. Als Täter kam nicht nur der Haushaltungsvorstand in Betracht, sondern alle Personen, welche die Mädchen beschäftigten. Der Haushaltungsvorstand ist stets dann strafbar, wenn er die Beschäftigung kennt und nicht verhindert, obwohl er dazu in der Lage wäre. Im übrigen liegt die Frage, wer jemand in seinem Haushalt beschäftigt, auf tatsächlichem Gebiet. Es war also nicht zu beanstanden, daß auch die Ehefrau S. als Täterin verurteilt worden war, obwohl nur ihre Ehemann und ihr Vater Arbeitgeber der beiden Mädchen gewesen waren. Die Beschäftigung der Mädchen, die ihre Tätigkeit abwechselnd ausübten, bildete für alle drei Angeklagte nur ein einziges fortgesetztes Vergehen, obwohl zwei Lehrmädchen beschäftigt waren. (V, 22. November 1937.) Amtl. Sammlg. S. 397—404.

Vgl. Bd. 71 S. 1.

Gesetzesregister.

Seitenzahlen der amtlichen Sammlung.

1 1—2; **2** 2—4; **3** 4—6; **4** 7—8; **5** 8—10; **6** 10—12;
7 13—15; **8** 15—16; **9** 16—17; **10** 18—20; **11** 21—22;
12 23—25; **13** 25—28; **14** 28—31; **15** 31—34; **16** 34—40;
17 40—42; **18** 42—44; **19** 44—46; **20** 46—47; **21** 47—49;
22 49—53; **23** 53—54; **24** 54—58; **25** 58—59; **26** 59—64;
27 65; **28** 65—69; **29** 69—70; **30** 70—72; **31** 72—74;
32 74—76; **33** 76—80; **34** 80—85; **35** 80—87; **36** 87—90;
37 90—92; **38** 92—95; **39** 95—98; **40** 98—100; **41** 101—106;
42 105—108; **43** 109—111; **44** 111; **45** 112—114;
46 114—118; **47** 118—119; **48** 119—120; **49** 120—122;
50 122—124; **51** 124—128; **52** 129—133; **53** 133—135;
54 135—137; **55** 137—138; **56** 138—140; **57** 140—143;
58 143—146; **59** 147—149; **60** 149—153; **61** 152—155;
62 155—159; **63** 159—164; **64** 164—166; **65** 167—172;
66 172—173; **67** 173; **68** 174—176; **69** 176—178;
70 178—179; **71** 180—182; **72** 182—187; **73** 187—189;
74 190—192; **75** 193; **76** 193—196; **77** 196—197;
78 198; **79** 199—200; **80** 200—204; **81** 204—205;
82 205—209; **83** 209—214; **84** 214—216; **85** 216—218;
86 218—221; **87** 221—223; **88** 223—225; **89** 224—227;
90 227—230; **91** 231—242; **92** 242—244; **93** 244—246;
94 246—247; **95** 248—251; **96** 251—252; **97** 253—254;
98 255—256; **99** 257—259; **100** 259—265; **101** 265—269;
102 269—271; **103** 272—273; **104** 274—278; **105** 279;
106 280—281; **107** 281—283; **108** 284—286; **109** 286—288;
110 288—290; **111** 291—293; **112** 293—295; **113** 295—299;
114 300—303; **115** 303—305; **116** 306—308; **117** 308—313;
118 314—315; **119** 315—318; **120** 318—320; **121** 321—323;
122 324—325; **123** 325—326; **124** 326—329; **125** 330—332;
126 333—336; **127** 336—339; **128** 339—341; **129** 341—344;
130 344—347; **131** 347—348; **132** 349—350; **133** 350—353;
134 353—356; **135** 356—358; **136** 358—359; **137** 360—361;
138 362—363; **139** 363—364; **140** 364—365; **141** 366—374;
142 374—375; **143** 375—376; **144** 376; **145** 377—383;
146 383—384; **147** 385—390; **148** 390—397; **149** 397—401.

Sachregister.

Kolibri 360 GmbH
Ferdinand-Jühlke-Straße 7
99095 Erfurt, Deutschland
produktsicherheit@kolibri360.de